エリア・スタディーズ 163

オマーンを知るための55章

松尾昌樹（編著）

明石書店

というイメージが強いが、オマーンはペルシャ湾とインド洋に囲まれているため、その生活は海と密接に関連している。また内陸部には農業が盛んな地域も多い。このため、海産物を利用し、家族で農業に従事するという、日本でも馴染みのある生活を多く目にする。また、オマーンの自然は他の湾岸諸国に見られないような多様性を持っている。読者の皆さんは、オマーンには雨季になると花一面の草原になる地域があることをご存知だろうか。富士山に匹敵する高さの、冬季には雪をいただく山が存在することをご存知だろうか。このような自然の多様性もまた、変化に富んだ自然と共に生活して来た日本人には馴染み深いものだろう。

経済水準に関しては、2015年のオマーンの一人当たり国内総生産（購買力平価換算）は4万2825ドルで、これは日本の4万686ドルとほぼ同額だ。湾岸諸国の中にはアラブ首長国連邦（7万391ドル）やカタール（12万7764ドル）のように先進国を超える水準の国内総生産を生み出している国もあるが、オマーンはそれよりも低い（いずれも数値は世界開発指標による）。石油で富み栄えていると考えられている湾岸諸国の中で、オマーンは経済成長に沸いているという雰囲気にはない。

似ているのは国土や経済水準だけではない。オマーンが持つ豊かな歴史もまた、日本によく似た部分がある。アラビア半島から移住して来たアラブ系の人々と、それ以前からオマーンに居住していたペルシャ系の人々、また海上ルートを通じてオマーンにやって来た人々など、多様な人々がオマーン人のルーツになっている点は、日本人とよく似ている。オマーンでは「部族」と呼ばれる系譜に基づく集団が抗争を繰り広げ、また協力関係を築く中で複雑な社会関係が育まれて来た。イスラームという宗教権威によって全土を統治しようとする試み、またそれが弱体化することによって再び系譜集団

の群雄割拠の時代を迎えるという流れもまた、日本の中世史を彷彿とさせる。

　このように、思っていた以上にオマーンと日本には似通っている点があるが、異なる部分も多い。例えば、オマーン人の大半が信仰しているイスラームは日本ではほとんど信仰されていない。これがもっとも異なる点であり、またオマーンをはじめとする中東諸国を馴染みのないものにしているといえよう。オマーンではイバード派という独特なイスラームの宗派を信仰する人々が多く、イバード派の指導者であるイマームに導かれた王朝も成立して来た。その中には、インド洋に名を馳せた海洋帝国に成長したものもあり、独特で魅力的なエピソードでオマーン史を彩っている。

　また、オマーン経済は石油輸出に大きく依存しているうえ、その人口規模は日本のおよそ28分の1に過ぎない。つまりオマーンの経済水準とは、人口規模が日本よりもずっと小さい地域に、その人口を日本と同程度の経済水準に押し上げてしまうほどの石油の富が生み出されたことで達成されたもの、ということになる。国内総生産の規模は日本と似通っているが、経済活動は全く違う。

　さらには、オマーンの約４５０万人の人口のうち、44％が移民で構成されている。この移民は、石油の富で急拡大したオマーン経済に惹きつけられて出稼ぎに来た外国人であり、南アジアや東南アジア、アフリカなど様々な地域からやって来て、オマーンの民族構成を多様なものにしている。

　オマーンの政治体制も日本と異なっている。例えば、世界各国の政治体制を民主主義の進展度合いに基づいて最良を１００、最低を0として数値化し、評価している国際ＮＧＯの Freedom House によれば、２０１７年のオマーンのスコアは25で、「自由ではない」という評価になる（オマーンと同様に「自由ではない」という評価の国としては、例えばイラク（スコアは27）、エジプト（26）、アフガニスタン

(24) などがある)。日本人からすると、「自由ではない」という国家は独裁国家であり、民衆が抑圧されているというイメージが強いようだ。確かに、オマーンでは政党の結党は認められておらず、言論の自由にも一定の制限がある。しかし普通のオマーン人は、カフェで水タバコを燻らせながら、あるいは仲間で食卓を囲みながら、様々なことを話し合う。時に眉を曇らせ、時に快活に笑う彼らからは、抑圧されているという印象は受けない。これはオマーンに居住する移民も同様だ。オマーンでは、他の湾岸諸国でしばしばみられる国民と移民の間に張り巡らされた垣根が低いため、社会全体が融和的な雰囲気に包まれている。それは、〝開かれた権威主義体制〟という表現がぴったりだ。

オマーンがアラビア半島の宝石だとしたら、その輝きはドバイやカタールのようにギラギラとした経済成長の光ではない。また、サウジアラビアのように政治的影響力によってするどく輝く光ではない。それはオマーンの農村に流れるファラジュ(灌漑水路)が放つ、ゆったりとした水面から放たれる光に似た、長い歴史に育まれた穏やかな人々の営みのように、清々しく、ささやかで、それでいて力強い光だ。本書を通じて、そんなアラビア半島の宝石を様々な輝きを発見してみてはいかがだろう。

2017年9月

編者　松尾昌樹

凡例

１ **通貨** オマーンの通貨は、オマーン・リヤールである。この下の単位としてバイザがある。２０１７年９月現在、１オマーン・リヤールはおよそ３００円。

２ **アラビア語の日本語表記** アラビア語を日本語で表記するにはいくつかの方法があるが、本書では以下の原則に従った。

（１）**定冠詞について**

（ａ）一部の例外を除いて、語頭の定冠詞「アル」は表記しない。

（ｂ）定冠詞とそれに続く名詞の間を繋ぐ記号（「＝」など）は使用しない。

（２）**人名、地名、その他の名詞** 読みやすさを考慮し、原則的に正則アラビア語に近い表記よりも日本語として膾炙している表記を採用した（例「クルアーン」ではなく「コーラン」、「カタル」ではなく「カタール」など）。ただし、日本語表記が定まっていないものについては、正則アラビア語の音に寄せて表記してある（例「ムトラ」「マトラ」ではなく、「マトラフ」）。

（３）**人名の「イブン」「ブン」「ビン」** 原則的に慣例に従う（例「イブン・バットゥータ」など）。近代以前のアラビア語の人名は多くの場合「ブン」が用いられ、近代以降には「ビン」が使われる傾向があるため、本書もそれにならった。

（４）**「スルターン」と「スルタン」** 同じ単語が人名として用いられている場合と、称号として用いられている場合があり、本書では混同を防ぐために、前者については「スルターン」と表記し、後者については「スルタン」と表記する。

オマーンを知るための55章

目次

はじめに／3

I 自然・地理

II 歴史

Ⅲ 政治と経済

IV 宗教と民族、社会と文化

I

自然・地理

1

オマーンの自然

★変化に富んだ国土★

オマーンはアラビア半島の南東端に位置する。北はアラブ首長国連邦と国境を接し、西はサウジアラビア、南西はイエメンと国境を接している。東はオマーン湾を挟んでイラン及びパキスタンと向かい合い、南はインド洋に面している。アラビア半島に近い、インド洋の北西部をアラビア海と呼ぶこともある。

読者の皆さんは、アラビア半島の国、と聞いてどんな自然環境を思い浮かべるだろうか。おそらく「砂漠の国」というイメージが一般的かもしれない。しかしそれはオマーンに関しては当たらずとも遠からず、といったところだろうか。確かにオマーンの内陸部には広大な砂漠が広がっている。オマーンは国土の82％が砂漠、あるいは岩や礫で覆われた不毛地帯だ。しかしオマーンには砂漠だけでなく、内陸部には標高３０００メートル級の山脈もそびえており、この山岳地帯はオマーンの国土の15％程度を占める。さらに、長い海岸線を持つオマーンは、砂漠とは対照的な自然環境、すなわち海にも恵まれている。実はオマーンは変化に富んだ自然環境を持っているのだ。

平野は海岸線に沿って伸び、北部のバーティナ平野と南部のサラーラ平野が形成されている。どちらも海抜０から５００

メートル程度で、高温・多湿が特徴だ。バーティナ平野では1月、2月、3月頃が雨季となるが、サラーラ平野はモンスーンの影響を受けているために、7月、8月、9月に雨が集中する。バーティナ平野の雨は短い時間にざっと降るが、サラーラ平野の雨はしとしとと降る。このため、マスカト周辺地域では雨季でも傘の出番はあまりないが、サラーラの雨季には傘を手放せない。

山岳地帯はアラブ首長国連邦との国境からラアス・アルハッドまで弓状に伸びるハジャル山脈と、南部のドファール地方の山岳地帯からなる。ハジャル山脈は高いところで３０００メートルほどに達するが、ドファール地方ではやや低く、１０００から２５００メートル程度である。砂漠は主に平野部と山岳地帯の間にあるなだらかに傾斜が続く地域、および山岳地帯よりも内陸で再びなだらかに平らになった地域にある。

ところで、対岸のイランは時に大規模な地震災害に見舞われることがあるが、オマーンでは地震はほとんどない。ただし、オマーンにはまれにインド洋で発生したサイクロンが上陸し、甚大な被害を引き起こすことがある。近年では、２００７年6月にサイクロン「ゴヌ」がオマーンに上陸し、49名が死亡し、27名が行方不明、数千名が避難生活を余儀なくされた。オマーンがサイクロン以外の自然災害に見舞われることはほとんどない。

オマーンの多様な自然環境は、それに合わせた人々の多様な営みを育んできた。砂漠では遊牧が営まれ、山岳部と平野部では農業が、また海岸部では漁業と貿易が営まれてきた。ただし、今日のオマーン人で遊牧に従事する者はまずいない。ラクダやヤギ、羊を所有し、それを放牧することで収入を得るものもあるが、実際に放牧作業に従事するのは大抵移民（外国人労働者）だ。これは漁業でも

同様である。オマーンは長い海岸線を有するため、古くから漁業が盛んであり、今日でも港町にはそこで水揚げされた魚を取引する魚市場が存在する。しかし、実際に漁業に従事する者の多くは移民だ。山岳地帯や平野部で行われている農業では、ナツメヤシや果物、麦などが栽培されている。降雨に乏しいオマーンでは、農業生産の大半は灌漑に依存している。この灌漑施設の中には、２０００年もの昔から使われ続けてきた遺跡級の灌漑施設も存在する。

現在、オマーンの国土は11の行政区に分けられている。オマーン湾に面した地域は、北端の飛び地であるムサンダム、沿岸部の北バーティナと南バーティナ、およびこの東に隣接するマスカトの４行政区に分けられる。飛び地のムサンダムを除くオマーン湾に沿った3行政区は山脈によって内陸部と区分され、内陸部には北西から南東に向かって、ブライミー、ザーヒラ、ダーヒリーヤ、北シャルキーヤという四つの行政区が設けられている。インド洋に面した海岸部は、ラアス・アルハッド周辺からマシーラ島周辺の南シャルキーヤ、その南に隣接するウスター、イエメンと接するドファールの3行政区に分けられる。

現在の行政区分は２０１１年に設定されたもので、それ以前には異なる区分が設定されていたが、こうした行政区分は必ずしも歴史的な地域区分を反映したものではない。行政区の名前となっているバーティナ、シャルキーヤ、ザーヒラなどは、もともとそれぞれの地域を指す名称として歴史的に使用されてきた。また歴史的には、オマーンはハジャル山脈とその周辺部――東に広がるバーティナ平野と西に広がる砂漠地帯からなる地域――と、インド洋に面したドファール地方の二つに区分される。ハジャル山脈とその周辺地域は北部、ドファール地方は南部と呼ばれることが多い。北部は、オマー

ンの長い歴史を特徴付ける、イバード派イスラームの指導者であるイマームによる統治と、部族連合による統治が入れ替わり立ち代わり現れてきた舞台である。インド洋に面した南部が北部の強い政治的影響力を受けるようになるのは、19世紀後半以降になってからのことである。このため、北部の住民はオマーンの歴史を特徴付けるイバード派信徒が多いが、南部はスンナ派信徒が多い。また南部は歴史的にはイエメンのハドラマウト地域との結び付きも長く、このために北部とは異なる文化を今日まで残している。さらに、南部は北部との歴史的関係が希薄だったことも影響して、20世紀半ばには南部を中心とする北部に対する内乱が発生したこともあった。今日では、北部と南部の対立はほぼ解消され、一体となってオマーンを形成している。

　近年になって、オマーンの多様な自然が周辺各国はもとより、世界中から多くの観光客を引きつけている。読者の皆さんも、オマーンの各地を訪れて、その地形の素晴らしさやそこに暮らす人々の多様な生活に触れることで、変化に満ちたオマーンの姿を楽しむことができるだろう。

（松尾昌樹）

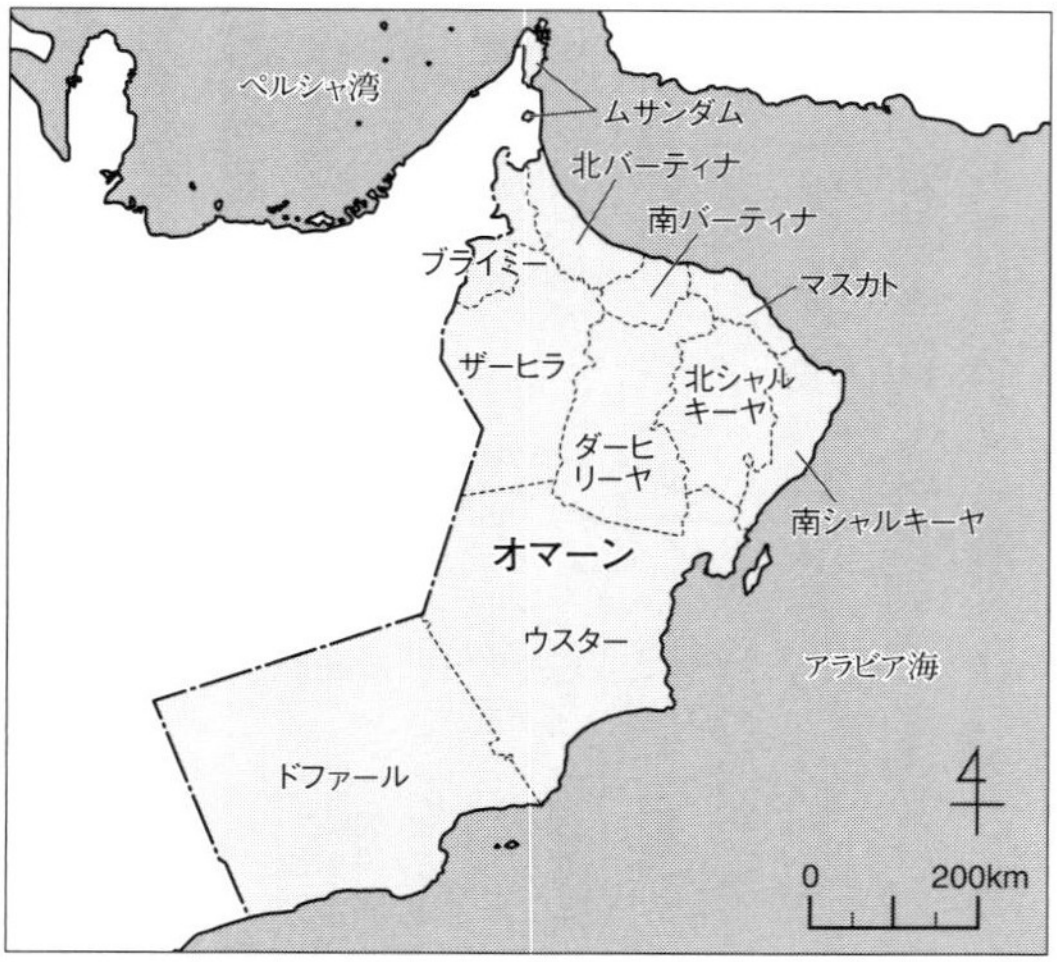

オマーンの行政区　［筆者作成］

2

ペルシャ湾とアラビア海を臨む

★海岸部の自然と社会★

アラビア半島の東側にはペルシャ湾（アラブ諸国はこれをアラビア湾と呼ぶように主張している）があり、南側はインド洋に面している。細かくはムサンダム半島よりも奥がペルシャ湾、それよりも大洋側がオマーン湾と区分されるが、オマーン湾も一括してペルシャ湾と呼ばれることもある。オマーンやアラブ首長国連邦が位置するアラビア半島の南東部には、山脈が東側の湾に向かって急激に沈み込んでいる部分がある。オマーンの北部で国境を接するアラブ首長国連邦のフジャイラやラアス・アルハイマといった首長国が存在するムサンダム半島周辺地域はこの山脈の北端を構成し、それが海に没する地域はリアス式海岸を作り出している。オマーン領の飛び地であるムサンダム行政区もそうした地域の一つであり、複雑に入り組んだ海岸線に特徴がある。ムサンダム半島からオマーン湾に沿って海岸線を南東に下ると、山脈が徐々に内陸部に後退するため、山が急に海に落ち込むこともなくなり、比較的平坦な海岸線が続く。この比較的なだらかな地域は、バーティナ地域と呼ばれる。そこからさらに海岸線に沿って南東に進み、オマーンの首都マスカト周辺になると、再び山脈が海岸に迫り、急激に海に落ち込む特異な風景を作り上げている。

第2章

ペルシャ湾とアラビア海を臨む

ドファール地域の港町。停泊しているのは漁船　［筆者撮影］

マスカトからさらに南東に向かってアラビア半島南東端のラアス・アルハッド周辺まで、険しい海岸線が続いているが、オマーン湾を出て南西に回り込み、アラビア海に接する地域では、山脈が消え、再び平坦な地形となる。そこから西に進んでサラーラ周辺に至るとわずかに崖がちの地形がみられるようになる。アラビア海に面した海岸部は内海のオマーン湾に面した地域と比べると波が荒く、訪れる人にそこが外洋に面した地域であることを実感させる。

オマーン湾の海岸線には、北からリワー、ソハール、スワイク、バルカー、スィーブ、マスカト、カルハート、スールなどの町が並ぶ。またアラビア海に沿っては、ミルバートやサラーラなどの港町が存在する。これらの港町の中には、かつての海上交易の遺跡が残されているものもある。オマーンはちょうどペルシャ湾の入り口に位置しているため、これらの港町は、古来よりインド洋からペルシャ湾に入って来る、あるいはペルシャ湾から外洋に旅立つ船舶の寄港地として機能してきた。また

南部のドファール地方の港は、東アフリカとインドをつなぐ航海上の中継点に位置し、さらには南アラビアで産出される乳香などの物産を輸出する拠点としても機能していた。アラブ人（あるいは中東に住む人々）は砂漠の民――砂漠遊牧民（ベドウィン）――と認識されることが多いが、海岸部に居住するアラブ人は古くから漁業や貿易に従事してきたのであり、これはオマーンでも同様である。

事実、オマーンはインド洋世界の歴史に多くの足跡を残してきた。紀元1世紀にエジプト人商人がギリシア語で著した『エリュトゥラー海案内記』には、ペルシャ湾の入り口に「オマナ湾」があり、また湾の入り口から6日の航程で「オムマナ」と呼ばれる商業地があることが記されている。この「オムマナ」はオマーン湾のペルシャ側とアラビア半島側の両方、あるいはどちらかに存在したと考えられているが、「オムマナ」が現在のオマーンを指すと考えるものも多い。

「海洋国家」オマーンのエピソードとしてしばしば言及される人物に、イブン・マージドがいる。多分に伝説的なこの人物は、15世紀に活躍した船乗りで、航海技術に関する書籍を多く著したとも、またその技術を生かしてバスコ・ダ・ガマのインド航路「発見」の水先案内人をつとめたとも伝えられる。現在のアラブ首長国連邦に所属するラアス・アルハイマの出身という説が有力だが、当時この地域はオマーンの勢力範囲だったとみなされていることから、オマーン出身者として「海洋国家」オマーンの歴史に華を添えている。さらに、日本人にも馴染みのあるシンドバッドもまた、オマーンにゆかりのある船乗りだが、こちらは架空の人物である（第17章参照）。

さらには、ヤアーリバ朝やブー・サイード朝など、オマーンでは海洋国家として名高い王朝が生まれ、世界史に名を刻んできた。オマーンはとりわけ東アフリカ地域との繋がりが強く、ブー・サイー

ド朝の君主、サイイド・サイードは東アフリカのザンジバル島に遷都し、そこからオマーンを支配するという一風変わった統治形態まで生み出した（第20章参照）。オマーン人の東アフリカ進出は、その地域のアラブ化、イスラーム化に大きな影響を与え、それは東アフリカの文化・伝統と交わって、「スワヒリ」（アラビア語で「海岸」「沿岸」を意味する「サワーヒル」に由来するといわれる）という独特な文化を花開かせた。

現在のオマーンはこのような海と密接に結びついた歴史をオマーンの伝統として大切にしており、博物館には必ずと言っていいほど、様々な形式の船舶が展示され、オマーンが海とともに歩んできた歴史を紹介している。「海洋国家」オマーンのエピソードはオマーンの歴史に多数見出すことができるが、一方で今日でも海は人々の生活に欠かせないものとなっている。オマーンのレストランを覗けば、様々な魚を使った料理をたくさん見つけることができるし、また港町にある魚市場――例えばマスカトのフィッシュ・スーク――をのぞくと、そこで水揚げされた多種多様な魚を見ることができ、また活発な売り買いの様子を眺めることができる。マトラフ（ムトラと表記されることもある）からオールド・マスカトまでの海岸線を走るコルニーシュ通りは、現在は護岸が整備されて海に降りることはできないが、かつては砂浜に降りることができて、そこには漁船や小型の貨物船が多く停泊していた。そうした風景は、今日でも海岸線に沿って其処此処に点在する小さな漁村で見ることができる。海は多くの恵みをもたらすとともに、人や文化など、異質なもの同士の交流を促進してきた。海は自然の多様性だけでなく、オマーンの民族、文化、社会の多様性を生み出す重要な役割を果たしてきたのである。

（松尾昌樹）

3

城塞都市マスカト

★海洋帝国を指揮した陸の孤島★

今日のオマーンにおいて、「マスカト」という地名には二つの用法がある。一つは近代的な用法で、現在のオマーンを構成する11の行政区の一つであるマスカト行政区、あるいは特にその中のマスカト市を指す。マスカト行政区は、オマーンの国際的な玄関口であるマスカト国際空港を西の端、高級ホテルとして名高いアルブスタン・ホテル周辺を東の端とする海岸に沿った地域に該当する。省庁が立ち並ぶフワイル地区、各国の大使館が立ち並ぶサルージ地区、高級ヴィラや高級ホテルが立ち並ぶクルム地区などは、オマーンの政治と経済の中心地となっている。空港に降り立ってからこれらの地区を通り抜けて東に進むと、マトラフに到着し、そのまま進むと王宮のある「オールド・マスカト」に着く。これより先にはアルブスタン・ホテルと最近リゾート開発が開始されたイティというビーチがあるだけで、あとは岩山が続く。

このオールド・マスカトがもう一つの「マスカト」だ。オマーンの長い歴史の文脈では、マスカトとはもっぱらオールド・マスカトを意味した。それはマスカト湾の奥、王宮を中心に二つの要塞（ジャラーリー要塞とミーラーニー要塞）によって守

オールド・マスカトを陸側から望む　［筆者撮影］

られ、城壁で囲まれた空間である。マスカトがオマーンの首都として機能し始めたのは18世紀末のことで、長いオマーン史の中では比較的新しい出来事だ。

海洋交易の拠点として機能してきたオールド・マスカトは、中東史や海洋史に興味のある人にとっては魅力ある都市だ。しかし、中東で繁栄を謳歌した歴史的都市――イスタンブールやカイロ、バグダード――と比べれば、それは驚くほど小さい。オマーンの海岸線にはマスカト以外にも歴史的に多くの集落が存在してきた。例えばソハールはマスカトよりも歴史的によく知られ、多くの文献に交易都市としてその名が登場する。またソハールは内陸部に開けた平坦なバーティナ海岸に位置し、海岸部と内陸部の交通手段も古くから確保されていた。これに対してオールド・マスカトは、切り立った岩山が海に迫る複雑な地形の中に作られており、背後に控える岩山とそれがマスカト湾に没するところにわずかに残された猫の額のような空間に張りつくように存在している。都市を建設するための場所としてはおよそ適切とは思われないにも関わらず、なぜこの地に首都が建設されたのだろうか。それは、16世紀初頭にインド洋に進出してきたポルトガルが、ここに軍事拠点を建設したことに由来する。インド洋海上貿易の独占を目指したポルトガルには、海上交通の要衝というだけでなく、現地住民の抵抗に耐えうる防御力の高い拠点を手に入れる必要があった。ペルシャ湾の入り口に位置するという海上交易上の重要性だけでなく、岩山で内陸部からのアクセスを容易に遮断

できるオールド・マスカトは防御にも優れており、まさにポルトガルにうってつけの場所であった。ちなみに、今日のオールド・マスカトのアイコンになっている、ジャラーリーとミーラーニーの二つの要塞は、ポルトガルが建築したものだ。

比較的最近まで、陸路でのマスカトへのアクセスは海岸線に沿った非常に細い道か、内陸部の岩山を縫って続く細い径に限られていた。1966年から1968年にかけてオマーンに滞在していたイギリス人のイアン・スキートは、マスカトへの交通路について以下のように記している。

そこ（マスカト）は険しい切り立った岩で囲まれており、内陸部との連絡路から事実上切り離されている。今日、交通路はあるがそれは1929年になって王立工兵隊によって敷設された、海岸線に沿って走る1車線の小道にすぎない。1929年以前には、小舟での移動か、あるいはマスカトを囲む丘の中の二、三の歩道のみが、マスカトに至る道だった。これらの小道をあるけば、マスカトの背後に控えて鷹のように目を光らせる監視塔から放たれる銃撃の的となった。

ポルトガルはオマーンではソハールやスール、クライヤートといった港町も占領していたが、オマーン人に奪還されたのはソハールが最も早く（1643年）、マスカトは1650年と最も遅かった。これは、数ある港の中でもマスカトが最も防御に適していたことを物語っている。しかもオマーンに伝わる歴史書によれば、オールド・マスカトの陥落は、内通者がマスカト包囲軍を密かに招き入れたことがきっかけとされている。内通者の助けがなければ、ポルトガルはもう少し長くマスカトを保持

していたかもしれない。まさに、マスカトは天然の要塞だった。

オマーン人の手に戻った後もマスカトは強固な防御を維持したが、ここが首都になるまでには130年ほどの歳月が必要だった。1650年にポルトガルからマスカトを奪還したヤアーリバ朝は、ポルトガルの後を継ぐかのように海洋国家への道を進んだが（第19章参照）、彼らは当時イバード派イマームに率いられていた。イマームは内陸部の部族集団に支えられてその権力を維持しており、その居城はニズワーなどの内陸部の集落に置かれたため、マスカトが首都となることはなかった。しかし18世紀後半にヤアーリバ朝からブー・サイード朝へと王朝が交代すると、為政者は次第にイバード派イマームとしての地位よりも、海岸部で得られる海上貿易の富へとその基盤を移していった（第18章参照）。ブー・サイード朝の支配者は、ポルトガルが見出したのと同じ価値――内陸部の部族勢力の介入を防ぎつつ、海上貿易に従事できる拠点――をマスカトに見出し、そこを首都と定めたのだった。

およそ19世紀前半までマスカトは海上貿易で大いに栄えたが、その後はザンジバルへの遷都や（第20章参照）、蒸気船時代の到来やスエズ運河開通による航路の変更など、時代の変化とともに急速に衰退してゆく。1970年にカーブースが即位し、オマーンは新しい発展の時代を迎えたが、しかしオールド・マスカトが再び活況を呈するということはなく、開発は新しいマスカトである「マスカト行政区」で展開された。近年になって王宮周辺が再開発されたものの、観光客以外に特に訪問する人のない今日のオールド・マスカトは、人通りもまばらでやや寂しい。「城塞都市」としてのオールド・マスカトはその役割を終え、権威の象徴あるいは歴史遺産として、しずかに佇んでいる。

（松尾昌樹）

I

自然・地理

4

峻険な岩山と砦、オアシスの世界

★内陸部の自然★

オマーン内陸部の自然環境は素晴らしい多様性を持っている。3000メートル級の山脈があり、また広大な砂漠も、さらにはおよそアラビア半島とは思えないような、水と緑に溢れた地域もある。この水と緑に溢れた南部地域はドファール地方と呼ばれ、それ以外のオマーンとはやや特徴が異なるので、別に第6章で触れることとし、ここでは北部の砂漠と山脈について触れることにしよう。

オマーンの砂漠は、内陸部の山脈を越えてさらにアラビア半島の奥に進むと現れる。南部のワヒバ砂漠は特に有名で、長大な砂丘は見るものを圧倒する。オマーンの砂漠は雄大で、また古代遺跡が点在するなど文化的な魅力も持っているが、その長い歴史の中で、様々な人間が活動の舞台としてきたのは内陸部では主として山岳地帯だった。

とりわけ北部のハジャル山脈は、長らく歴史の主な舞台となってきた。その北部はアラブ首長国連邦まで伸び、南部はオマーン湾の出口近くにまで、弓状に伸びている。シャムス山が代表的な峰であり、その標高は3000メートルほどである。その頂上は冬季には雪が降る。

内陸部に向かう途上に現れる岩山。木々は全く見られない［筆者撮影］

ハジャルとはアラビア語で「岩」を意味し、この山脈は一見するとその名の通りの岩山だ。マスカトなどの海岸部からニズワーやバフラーといった内陸部の諸地域に向かう際には、かならずこの山脈を越えていかなければならない。多くの場合、山脈を東ハジャルと西ハジャルに分けているサマーイル渓谷を縫うように走る15号線を使用することになる。この道路はよく整備されており、安全な移動を提供してくれるが、それだけでなく、ごつごつとした巨大な禿山が連なる様子も目を楽しませてくれる。山といえば樹木が生い茂る場所、と考えている日本人からすると、それは異様な風景だが、同時にその堂々たる姿は威容でもある。

ただし、よく見るとその岩山の谷間には潅木がしげるオアシスがあり、果樹も多く存在する。例えば、内陸部にはビルカート・ルマウズという町がある。この名前は「バナナのプール」といった意味で、現在でもバナナの栽培が行われているが、昔から果樹栽培が盛んだったことを思わせる地名だ。また、ニズワーやハムラー、ミスファーなど、ナツメヤシ栽培が盛んな地域も多く存在している。オマーンの山岳地帯では、雨季に降った雨をファラジュと呼ばれる灌漑施設を介して農業用水に利用している。ニズワー周辺の山脈は「ジャバル・アフダル（緑の山）」とも呼ばれ、日本人の感覚からすると緑が少なく、名前負けしているようにも感じるが、多くの農地が存在することからすると、あながち外れているわけでもない。

ハムラー遠景。手前はナツメヤシの畑　［筆者撮影］

内陸部の諸地域を訪問すると、必ず立派な要塞に出会う。基本的には木材の柱と日干し煉瓦で作られ、ナツメヤシの繊維と泥で作られた漆喰で塗り固められている。要塞は多くは3階から4階の階層を持ち、それよりも一段高い塔を備えていることが多い。海岸部にも、マスカトのジャラーリーとミーラーニーをはじめ、スハール、バルカーなど、主要な街には要塞が存在するが、内陸部ではその数がずっと多い。中でもサマーイルやナフル、ニズワー、ルスターク、ジャブリーンの要塞はひときわ大きく、壮麗だ。これらは現在ではコンクリートで修築され、観光資源として利用されているが、往時の面影をよく残している。また要塞と呼ぶほどに立派でなくとも、石や日干し煉瓦を積み重ねて作られた砦のようなシンプルな建築物は各集落に必ず存在する。

これらが「現役」で使われていた時代、何のためにこれほど多くの要塞が建設されたのだろうか。これはひとえに、内陸部が持つ複雑な自然環境に由来する。今日の様に立派な道路網が整備される以前には、オマーンの海岸部と内陸部、そして内陸部の各集落の間を結ぶ交通路は、非常に限られていた。内陸部

ナフルの要塞　［筆者撮影］

の峻険な地形は人々の交流を妨げ、おのずと自給自足的な、閉鎖的な社会を形成していった。いくつかの近隣集落が合わさって一種の小国家となり、その地域の有力部族の長が、小国家の統治者となった。この小国家を防衛するために、各集落に砦が建設され、また統治者の居城として要塞が建設された。

内陸部にイバード派イスラームの指導者であるイマームを長とする国家が機能していた時代には、これらの砦はイマームが任命した知事の居城として機能した。またイマームの権力が衰退した内乱の時期には、各有力者が利用する戦略拠点として機能した。大きな砦の中には、イマームの居室や客間、井戸、食料庫、馬小屋などが設置され、また壁面には銃眼や、場合によっては大砲も設置されていた。ニズワーの要塞は代々のイマームが居城としたことで有名だが、巨大な円形の姿はオマーンの要塞の中でも独特な形状であり、多くの人々を惹きつけている。ジャブリーンの要塞はヤアーリバ朝のイマームの居城であり、文芸を愛したイマームが数多くの詩人を歓迎した場所としても知られている。ルスタークの要塞はブー・サイード朝の建国者で初代イマームであるアフマド・ビン・サイードの居城

として、壮麗な姿を今に残している。

これらの要塞がその元々の用途に用いられた最後の事例は、1950年代の内戦である。この内戦は、内陸部を拠点としたイマーム国と海岸部のスルタン国の間で戦われたもので（第22、24章参照）、内陸部の多くの城塞がスルタン国を迎え撃つ拠点として機能した。スルタン国はなかなか内陸部の攻略ができなかったため、スルタン国を支援していたイギリスは1957年に内陸部を空爆することで事態の打開を図った。この空爆で標的となったタヌーフは、オマーン現代史で有名なイバード派のウラマー（イスラーム法学者）であるサーリミーが埋葬された地であるとされ、筆者はそれを確認しに同地に訪問したことがあるが、そこは現在でも廃墟のままであった。

空爆によってイマーム国は崩壊したものの、それ以降も内陸部ではゲリラによる破壊活動が頻発した。山岳部の複雑な地形は、ゲリラを神出鬼没の集団に仕立てるのにうってつけだった。スルタン国を支援するイギリスは、事態を打開するために特殊部隊であるＳＡＳを投入し、険しい谷間に隠れる様に存在したゲリラの移動路をようやく見つけ出し、破壊活動に終止符を打つことに成功したのだった。

カーブース国王によって新国家が建設され、平和の到来とともに交通網が整備され、現在では内陸部の集落が孤立して存在するということもなくなったが、各地に残る砦は、内陸部の歴史を今日までよく伝えている。

（松尾昌樹）

5

飛び地

――――★ムサンダム半島、クムザール、ホルムズ海峡★――――

オマーンの地図を眺めてみると、隣接するアラブ首長国連邦（UAE）の向こう側にもオマーンの領土があることが分かる。ペルシャ湾とオマーン海を隔てるように海に向かって突き出ているムサンダム半島は、半島が形成する海域であるホルムズ海峡に比べるとその名前をほとんど知られていない。そしてそこがオマーンの飛び地領であることも大半の読者にとっては初耳のことだろう。

面積は香川県とほぼ同じ1800平方キロメートルありながら、土地のほとんどが岩肌の露出した峻険な山岳地帯であるため、町は海沿いと山間にいくつか点在するのみであり、ムサンダム全体の人口も約3万人程度である。標高2000メートル級の山々は海に向けて鋭く落ち込んでおり、リアス式海岸のような複雑な海岸線を生み出している。こうした海岸は入り江内が天然の港となるため、ムサンダムでは古くから漁業が盛んであり、現在も住民の主要な生計手段の一つとなっている。

飛び地であるムサンダムがオマーン領に組み込まれているのは、この地を支配してきたシフーフと呼ばれる部族がオマーンに帰属することを選んだためだ。シフーフは現在UAEのシャ

ムサンダム半島を機上から　［筆者撮影］

ルジャ首長国やラアス・アルハイマ首長国を治めるカワーシム家と歴史的に対立関係にあり、彼らと対抗するために遠方のオマーンに助力を求めたのである。オマーンとＵＡＥの間にはムサンダム以外にも複数の飛び地領があり、例えばムサンダムの南に接しているＵＡＥのフジャイラ首長国内にはオマーン領のマドゥハー州があり、そのマドゥハー内にはシャルジャに属するナフワという村がある。言わば飛び地の中に飛び地があるわけだが、これは、その土地の支配部族や家系がオマーンとＵＡＥ（のいずれかの首長国）のどちらに忠誠を誓っていたかで国境線が引かれたために起きたものである。

連なる山々が陸路でムサンダムを訪れることを困難にし、かつ周辺地域からの侵略もたびたび受けたため、そこに住む人々は外からの訪問者に対して閉鎖的と言われている。オマーンではアサー、あるいはハイザラーンと呼ばれる木製の杖を携帯することが老年層の正装の一つとなっているが、ムサンダムではこの杖の持ち手の金属部分が小さな斧の形になっている。これは、歩行の補助やラクダなど家畜の操縦といった本来の杖の用途に加え、武器として外敵との戦いにも用いられた名残だと伝えられている。現在では装飾以上の意味合いはないが、杖一つにもムサンダムの伝統と人々の気質を垣間見ることが出来よう。

こうした閉鎖性がもっとも顕著に出ているのが、半島の最北端に位置するクムザールという村だ。

クムザールは周りを絶壁の山に囲まれており、陸路でこの村を訪れる術はない。クムザールには、ムサンダム最大の町ハサブから小型ボートで約1時間かけて行くしかなく、半島から地続きであるとは言えさながら離島のような地理である。クムザールで使われている言葉はオマーンの公用語であるアラビア語ではなく、彼ら独自の言語クムザール語である。クムザール語は、アフロ・アジア語族のアラビア語とは全く系統の異なるインド・ヨーロッパ語族に属している。村ではアラビア語が聞こえることはほとんどなく、筆者が２０１２年に訪問したときに案内をしてくれた若者も決してアラビア語が流暢ではなかった。もっとも、クムザールには１０００人から２０００人の住人が居住していると見られているが、その数倍のクムザール人が住居をハサブに移しており、彼らはアラビア語を日常的に話している。クムザールでは漁業以外に主要な産業がないため、ハサブに出稼ぎに出るうちに定住が進んだのであろう。クムザールの村内では写真撮影が禁止であり、村を歩くときは常にガイドが同行する。現在も外から来る人たちへの警戒心があるのだろうが、ハサブでの人的な交流を通じて今後は徐々に開かれていくかもしれない。

クムザールの町　［筆者撮影］

ムサンダムはこうした牧歌的な雰囲気を残した地域であるものの、その目の前の海は世界で最も有名な海峡、ホルムズ海峡だ。世界の石油輸出の３割を占めるペルシャ湾の石油輸送の大動脈であり、海上石

油輸送量はマラッカ海峡を抑えて世界最大である。それでありながら、１９８０年代のイラン・イラク戦争を始め周辺国間の軍事的対立がこの海域の安全を度々脅かしている。日本の原油輸入も８割を中東に依存しており、有事の際には掃海艇の派遣が検討されるなど、日本の経済、安全保障とも深く関わっている。

このため、ムサンダムには町の規模とは不釣り合いな海軍基地、空軍基地が置かれている。ハサブの町の中心に位置する空港は軍民共有となっており、出発ロビーには軍の定期便を待つ軍人が、滑走路には停留している輸送機が見られる。海軍基地は海峡に近い山間に設置されており、海峡を航行する船を日頃から監視している。もっとも、こうした軍事基地は地域の緊張を高めているわけではない。オマーンはイランと良好な関係を維持しており、ホルムズ海峡では共同パトロールの実施などを通じて緊張緩和に努めている。またハサブは歴史的に対岸のイランのバンダル・アッバースやゲシュム島と貿易を続けており、イランが制裁下にあったときには密輸の中継地に使われていたとも言われている。最近では観光開発も進められており、ダウ船での遊覧やドルフィンウォッチングが盛んだ。お隣のＵＡＥからムサンダムまでの日帰りツアーも少なくない。国際場裏においては紛争の危険性ばかりが語られるホルムズ海峡であるが、ムサンダムの地から眺めるとき、それとは少し異なる風景が見えてくるように思う。

（村上拓哉）

6

緑あふれるドファール

★オマーンのもう一つの顔★

オマーン北部の内陸部と海岸部と合わせて、現在のオマーンを構成する第三の地域が南部のドファールだ。「現在の」と但し書きを行うのは、ドファールがオマーンに含まれるようになるのが19世紀以降の、オマーンの歴史上比較的新しいことだからだ。それまで、ドファールはそれ以外のオマーンの諸地域とは異なる歴史を歩んでおり、そのためにドファールには他地域に見られない特徴がある。

その一つが民族的多様性だ。例えば、元からドファールに住んでいるアラブ人はスンナ派イスラーム教徒であり、イバード派はほとんどいない。また、アラビア語を母語としない集団も多く居住しており、彼らはまとめてアラビア語でジャッバーリーと呼ばれる。ジャッバーリーは他称であり、一つの民族集団というわけではない。彼ら自身はカラア人、シャフラ人、マフラ人などの複数の民族集団を形成しており、シャフラ語（シャハリー）やマフラ語（マフリー）など、異なる言語を話す（第48章参照）。ちなみに、オマーンの現国王であるカーブースの母は、カラア人のマズーン・アルマアシャニーである。ジャッバーリーは他の部族集団や民族集団に対して独立した自

ドファールの川と緑　［筆者撮影］

治を行ってきた。例えばマフラ人の中で今日のイエメンに近い部分に居住していた集団は、17世紀には「マフラ・スルタン国」として自治的な領土を保持していた。これは19世紀末にイギリスの保護領となり、その後イエメンに編入されている。

こうした民族集団は多様性だけでなく、かつては階層性を持っていた。例えば、現在のオマーンやイエメンなどのアラビア半島南部地域では、短刀を腰にさすのが成年男子の正装であるが、ドファールでは武器の携行は上位の階層集団にのみ許されていたため、下位の階層に属する人物は外見からすぐに見分けがついた。また通婚は同一階層内でのみ行われていたため、個々人が階層間を移動することは稀で、それは固定化されたものとして機能していた。１９６０年代の共産主義運動や、その後の近代化政策によって、現在までにこうした階層性は失われつつある。

ドファールはまた歴史的にハドラマウトと呼ばれたアラビア半島南岸の一地域を構成してきた。ハドラマウトは海路を通じて多くの移民を送り出してきたことで知られており、そのネットワークは東アフリカ沿岸部や東南アジアにまで広がっていた。こうしたネットワークは、移民を送り出すだけでなく、様々な人々を迎え入れることでも効果を発揮したようだ。例えば、オマーンがドファールを直接的に支配するようになったきっかけとして、１８７９年にサラーラを拠点にドファールを支配していたサイイド・ファドル・ビン・アラウィーをオマーン軍が追い出したという事件が指摘される。サ

ドファールの山岳部。一面を緑が覆っている。第4章の写真と比較されたい　［筆者撮影］

イイド・ファドルはハドラマウト系のインド人で、１８５０年代にインドで反英活動を行ったかどで国外追放された人物である。ドファールに戻った彼は、部族間の不和を調停する人物として政治力を養い、オマーン軍に追い出されるまでこの地域一帯で影響力を保持していたという。

また、サイイド・ファドルよりも前、19世紀初めにドファールを支配していた人物にサイイド・ムハンマド・アーキルがいる。彼は１８２９年にオマーン軍の後押しを受けたドファールの部族勢力によって暗殺されるが、その後を継いだのはアブドゥッラー・ルロイドという人物だった。この人物はもともとオランダの船舶で働いていたボーイで、サイイド・ムハンマド・アーキルによって捕虜にされた人物だった。アブドゥッラー・ルロイドはその後現地の女性と結婚してドファールで生活し、ムハンマド・アーキルの死に際してその後を継いだと考えられる。このように、他地域とのつながりを持つドファール地域は、域外にルーツを持つ人物が歴史的に重要な役割を果たすことがあった。

自然環境に目を向けると、ドファールを特徴づけるのは雨と緑だ。大半が砂漠で占められるアラビア半島にあって、ドファールの雨は有名だ。しかし、実際にはドファール以外でも、オマーン内陸部の山岳地帯にも降雨があり、またバーティナ地域などのオマーン湾岸の海岸部でも雨が降る。このため、オマーンでは雨は決して珍しくない。例えば、オマーン統計局によれば、２０１４年のマスカト行政区の降雨量は2月で最も多く31・1ミリ、また北バーティナ行

政区では3月に55・4ミリとなっている。一方で、ドファール行政区の降水量は7月に45・8ミリ、8月に26・7ミリ、9月に12・8ミリとなっている。このように、ドファールの降雨量はオマーンの他地域に比較して突出して多いとは言えないが、重要なのは降雨の時期である。ドファール以外の地域で雨が降るのは1月、2月、3月という比較的涼しい時期だが、ドファールは7月、8月、9月に雨が集中する。つまり、アラビア半島の他の地域が最も暑い時期に雨が降り、それによって気温上昇が抑えられることで、ドファールはあたかも酷暑の中のオアシスのようになる。例えば、マスカト行政区の7月の平均気温は33・8度、北バーティナ行政区の同月の平均気温は33・5度だが、ドファール行政区の同月の平均気温は26・8度である（気象データはいずれもオマーン国立統計情報センターによる）。

また、ドファール以外の地域、特に平野部では、雨は豪雨になりやすく、激しい雨が短時間に叩きつけるように降るが、ドファールでは雨は穏やかに降る。この穏やかさがドファールの雨を有名にしているのだ。穏やかな雨は他地域には見られないモンスーンによってもたらされたものであり、そしてこのモンスーンによって、ドファールには緑豊かな光景が広がることになる。ドファール地方はアラビア語でジャンナと称えられることもあるが、ジャンナとは天国を意味すると同時に、草花で満ちた庭園を意味する。その名の通り、ドファールには緑が多く、その風景を目にした人はおよそ自分がアラビア半島にいるとは思えなくなるだろう。

（松尾昌樹）

7

イムラーンの墓とヨブの墓、モーゼと緑の男

★オマーンと聖書の世界★

オマーンにはイムラーンの墓があり、またヨブの墓と足跡があり、さらにはオマーンの海岸にはモーゼが立ち寄ったことがある……らしい。

イムラーンとは、キリスト教の祖であるイエスを生んだマリアの父を指す。キリスト教的には、ヨアキムと呼ばれる。コーランの第3章はずばり「イムラーン家」であり、イエスが生まれるまでの経緯が記されている。またヨブとは、旧約聖書の一部である「ヨブ記」の主人公であり、神から多くの試練を受けながらも信仰を捨てなかった人物として描かれている。コーランでは4回登場しており、イスラームの預言者であるムハンマドに先立つ預言者たちの一人として扱われている。モーゼとは、やはり旧約聖書の「出エジプト記」に登場する、海を割ったことで知られるあのモーゼだ。コーランには数多く登場するが、第28章にはシナイ山で十戒を受け取るエピソードが記されている。

かつては、イスラームをキリスト教やユダヤ教とは全く異なる宗教と理解し、またそれらが互いに対立していると考える傾向が日本にはあったが、最近ではそれも徐々に薄れてきている

ヨブの墓の内部　［筆者撮影］

ようだ。確かに、今日の中東にあるイスラエルはユダヤ教と深く結びついた国家であり、そのイスラエルが周辺のイスラームと深く結びついているアラブ諸国と政治的に敵対してきたという第二次大戦以降の歴史から、イスラームとユダヤ教が敵対関係にあると理解するのも無理はない。また二つの世界大戦の間、キリスト教と深く結びついている英仏の二カ国が中東地域を支配してきたという歴史的経緯から、キリスト教とイスラームが根深く対立しているという解釈にも、同様の構図がある。

しかし実際には、世界が創造主（神）によって作り出されたという解釈、天国と地獄が存在するという世界観、いずれ終末が到来するという時間軸は、三宗教の間で共通している。事実、イスラームの聖典であるコーランには、天使ガブリエル（アラビア語ではジブリール）が登場すれば、アダム

（アーダム）もモーゼ（ムーサー）も登場し、アダムやモーゼはムハンマドに先だつ預言者として扱われている。イスラームとユダヤ教、キリスト教が敵対しているという解釈は20世紀以降の政治状況の産物であり、各宗教の教義を反映したものではないといえるだろう。このように考えれば、今日のオマーンにおいて、イムラーンやヨブの墓が人々の信仰を集める対象であり、またモーゼがオマーンを訪問していたとするエピソードが広まっていたとしても、不思議ではない。

ヨブの墓の入口　［筆者撮影］

イムラーンの墓とヨブの墓は、ともにオマーン南部のドファール行政区にある。日頃から多くの人々が訪れており、これらの墓で祈ることで自分たちの願いがアッラーに聞き届けられると考える人々も多い。どちらも屋根付きの建物の中に墓が収まっており、墓はちょうど人が埋葬された形に土が盛り上がった形状で、その上から複数の美しい布がかけられている。ヨブの墓の建物の入り口近くには、涸れた井戸のような構造物があり、その底にはヨブの足跡とされるくぼみが残されている。これらの墓でもっとも特徴的なのは、その長さだ。ヨブの墓は4メートル程度、イムラーンの墓に至ってはその倍程度はある。現地の人々に言わせれば、いにしえの人類は背が高かったのだ、というこ

とになる。

しかし、なぜドファールなのだろう。旧約聖書の地理的範囲は、地中海周辺地域（出エジプト記、エルサレム）とか、イラク（バビロン捕囚）とか、中東といってももう少し北のほうではなかろうか。この点についてヨブの墓に書かれた案内には、創世記第10章にヨブの名前があり、その出生地がサファルとあるが、このサファルがドファールに該当する、といった説明が書かれている。

モーゼがオマーンを訪問したとされる根拠は、コーラン第18章のエピソードに由来する。そこでは、モーゼは緑の男（緑衣の人とも呼ばれる）と共に登場する。緑の男とは様々なアラブ説話に登場する人物であり、コーラン第18章ではアッラーから授けられた深い知恵でモーゼを導きながら、同時にモーゼに様々な無理難題を課して彼を鍛える人物という役回りを与えられている。では、以下にコーランに見られるこの逸話の内容を簡単に紹介しよう。

モーゼが小姓と旅をしていると、緑の男に出会った。モーゼが彼に師事を請うと、緑の男は自分の指導にモーゼが到底我慢できないだろうと一度は断るが、モーゼが緑の男の行為に決して異を唱えることはないと約束したことから、緑の男とモーゼ、小姓の旅が始まる。とある場所で3人が船に乗せてもらって海を渡っていると、なんと緑の男は船底に穴を開けてしまう。モーゼはこれを咎めるが、緑の男は「だから我慢できなくなるといったではないか」と指摘する。モーゼは自分の約束を思い出し、謝罪して緑の男との旅を続ける。これ以外にも緑の男の様々な奇行に悩まされたモーゼであったが、旅の最後に緑の男から種明かしがされる。曰く、船に穴を開けたのは、船主の住む

地域を治める王が、人々から船を強奪する人物だったので、わざと穴を開けて船をダメにし、王から奪われなくすることで、船主の財産を守ったのだ。船底の穴は件の王をやり過ごしてから直せば良い、と。

コーランの記述ではここまでだが、オマーンで古くから伝えられてきた歴史書の中では、上記の船を奪う王はマーリク・ブン・ファフムと特定され、当時はカルハートに居住していたとされることが多い。マーリク・ブン・ファフムとは、太古にオマーンに移住してきたアラブ人で、当時オマーンを支配していたペルシャ人を追い出し、オマーンで初めてアラブ人の支配を確立した人物として、しばしばオマーンの建国者に位置付けられる。またカルハートは（それが今日のカルハートだとすれば）マスカトよりもずっと南東、オマーン湾の出口に近いところにある。ただし、これらの根拠は不明瞭だ。

墓や緑の男が歴史的事実であるかどうかは、さほど重要ではない。そもそも上記のコーラン第18章の記述にしても、イスラーム学の碩学である井筒俊彦によれば、部分的にアラブの古典民話が入り込んだものであり、モーゼもまた文献学的には旧約聖書に登場するモーゼではないと論じている。現地の聖人を聖書的世界観に接ぎ木して信仰の対象としたのか、またコーランの無謬性を信じるムスリムがコーランにあやかってモーゼとオマーンを結びつけたのか。真相は不明だが、ここではムスリムの世界認識を大切にしたい。ただ不思議なのは、こうした聖書的遺跡やエピソードが、オマーン北部にはほとんど見られない点だ。オマーンの北部と南部は、文化的に深いところで、異なる世界観を保持しているのかもしれない。

（松尾昌樹）

8

進む観光開発

★新しい発展を目指して★

多くの移民人口を抱えるオマーンでは、観光客の動向を把握することは難しい。例えば、オマーンで働く家族を訪問するために観光ビザでオマーンに入国する外国人が多くいるため、オマーン訪問者の中から純粋に観光客のみを選び出すことは困難だ。それでも、オマーン国立統計情報センターによれば、2007年から2016年の10年間で、観光目的の入国者は77万人から105万人へと1.3倍以上に増加した。これらの観光客が落とす宿泊費や食費など様々な支出は、間違いなくオマーンのGDPに貢献している。観光業は、オマーン第一の成長産業なのだ。

オマーンを含む湾岸諸国の観光開発には、概ね二つの方向性があるようだ。一つは、ドバイに代表されるような、ショッピングモールや各種のフェスティバルで観光客を惹きつけるものだ。ショッピングモールのフォーマットはどこでも同じで、「現地らしさ」に乏しいという批判もあるだろう（第54章）。しかし、人々の消費欲求が凝集したかのように林立するショッピングモールは、経済的豊かさの象徴であり、石油輸出収入に潤う「湾岸らしさ」をよく表しているともいえよう。マスカトの

スルタン・カーブース・グランドモスクのように、消費を煽るだけでなくイスラーム文化に基づく巨大で壮麗な建築物もまた多くの観光客を惹きつけているものの、それとてやはり人々と共に長い歴史を歩んできた伝統的な建築物ではなく、石油の富で作られた豪華絢爛な建築物の一つにすぎない。湾岸諸国を訪れる観光客にとって、きらびやかな建物やブランド品に囲まれる体験をすることがその最大の目的となっていることは疑いない。

スルタン・カーブース・グランドモスクの入口　[筆者撮影]

もう一つの方向性はもうすこし古典的な意味で「現地らしさ」を感じさせるものかもしれない。それは自然環境や文化遺産を活用した観光だ。文化遺産として比較的早い段階から観光資源となっていたのは、オマーンの各地に存在する城塞である。ニズワーやバフラー、ジャブリーン、ルスタークの城塞はその規模や壮麗さから特に有名で、中でもバフラーの要塞はすでに１９８７年に国連世界遺産に登録されている。90年代半ばまで、これらの城塞を訪問する際には、オマーン文化遺産省に許可証を発行してもらう必要があったが、現在は誰でも訪問することができるようになった。数々のイマームの居城としてオマーンの歴史を彩ってきた城塞は、その歴史マニアからすれば垂涎の場所だ。このような歴史遺産は他の湾岸アラブ諸国には乏しく、オマーンの観光を差別化する点で効果を発揮している。

自然環境を生かした観光開発としては、ネイチャー・ウォッチングが挙げられよう。ホエール・ウォッチングやウミガメの産卵見学ツアーなどの海岸部で

ハムラーでの伝統実演風景　［筆者撮影］

行われているものがこれに該当する。内陸部では、ワヒバ砂漠の雄大な砂丘を４ＷＤ自動車で走破し、またテントに宿泊するというツアーも人気がある。ある程度の水準のホテルであれば、ネイチャー・ツアーは上記の城塞などと組み合わせて、いくつものルートが準備されている。

近年では、自然環境を見るだけでなく「体験」するという方向での開発が進められている。例えば、内陸部の山岳地帯ではトレッキングが盛んだ。ちょっとした山の小道に入ると、トレッキング用の道標が岩にペイントされているのを見つけることがある。これは、近年増えてきたトレッキング目的の観光客のためにつけられたものだ。トレッキングのルートは様々で、マスカトのホテルから日帰りで行けるような気軽なものから、ハジャル山脈に点在する集落を巡りながら数々のルートを渡り歩くこともできる。

また、伝統文化を「体験」できるスポットも整備されつつある。例えば、オマーン内陸部のハムラーは、ファラジュ網が整えられた鬱蒼としたナツメヤシ畑に囲まれた古い住居が残る集落として有名だ。その一角に、非常にこぢんまりとしたものではあるが、オマーンの伝統的な炊事・伝統工芸を見せてくれる場所がある。炭火でコーヒー豆を炒って作るオマーン・コーヒーや、炭で熱した金属製の湾曲した皿のような器具に水で溶いた小麦粉を薄く塗って焼いて作

る、クレープのように薄いパン、果ては様々なハーブを練って作った、頭痛を取る塗り薬や、バラの花びらや香木、バラ水が練りこまれたペースト状の洗顔石鹸まで、実際にこれらを作る作業を見せながら、物品の販売も行われている。

一風変わったものでは、ドファール地方の「雨」を体験するという観光が挙げられよう。ドファールはアラビア半島でも珍しくモンスーンの影響を受ける場所で、多くの雨が降る。この雨を楽しむために、特にサウジアラビアやUAEといったオマーン周辺で雨の乏しい国々から多くの観光客が訪れる。このため、ドファールの「雨ツアー」は周辺のアラブ諸国を対象としたものと言えるだろう。周辺諸国からの観光客は陸路でやってくることが多いため、雨季になるとドファールの中心都市であるサラーラの道路は大渋滞となる。さらにホテルは満室、果ては郊外に住居を持つ人々の中には自宅を宿泊施設に転用して臨時収入を得るものが出るほどだ。なお、ドファールには旧約聖書的世界観を反映した預言者廟もあり、観光資源として活用されている（第7章参照）。

特にサラーラは近年のオマーンにおける観光開発の目玉の一つとなっている。宮殿（オマーンの宮殿はマスカトとサラーラの2カ所がある）周辺地区の再開発が進み、海岸沿いでは高級ホテルグループによるリゾート開発が相次ぎ、2015年には新サラーラ空港（サラーラ国際空港）が開港した。周辺諸国には見られない独特な観光資源が存在するため、今後も活発な開発によって観光産業はオマーンの経済発展に大きな影響を与えてゆくだろう。

（松尾昌樹）

9

ファラジュのある風景

★オマーン社会を形作る流れ★

中東、とりわけアラビア半島のようにほとんど雨の降らない砂漠地帯において、農業が行われることがあるのだろうか。しかし、本書のこれまでの章を読まれて来た読者の方々であれば、オマーンでは地域によっては降雨があり、また緑が豊富なことを理解されているだろう。それでも、オマーンの年間降雨量は100ミリから200ミリ程度で、灌漑なしに農業を行うことは不可能だ。このため、オマーンでは古くから灌漑施設が発達し、オマーンの農業と農村のあり方に大きな影響を与えてきた。農業が自然環境に大きく左右されることを考えれば、オマーン独自の自然環境がこの地域に独特な農業技術を生み出し、それによってオマーンにしか見られない景観やコミュニティーが作られたということになる。農業は景観を作り、また共同体を育むという重要な社会的機能を持っている。

自然環境とそれを生かした農業、それが育むコミュニティー、この三つをつなぐのが、オマーンに特徴的な灌漑水路である「ファラジュ」だ。ファラジュとは、伝統的な手法を用いて地下水や湧き水、河川の水等を利用する用水路の総称である。灌漑によって供給されている農業用水のうち、およそ3分の1は伝統

的な灌漑技術であるファラジュによって供給されている。ファラジュは北部の山岳地帯とバーティナ地域（オマーンの農業生産の60％はこの地域で行われている）で主に利用されており、南部ではほとんど見られない。

ファラジュは大きく分けて3種類ある。

ガイリー：オマーンのファラジュのおよそ半分を占める。河川の水を利用したもので、距離は長くても2キロ程度である。

ダウーディー：オマーンのファラジュの4分の1程度を占める。地下の帯水層まで縦に井戸を掘り、水脈の存在が確認できると、そこから水平方向に地下水路を掘り、目的地まで水を運ぶ。水路の建設及び保全のために、一定間隔で立坑が掘られる。水の蒸発を防ぐために、水路は水を利用する場所の近くで地上に現れるように作られる。農地では区画ごとに水を供給するために細かな水路が作られる。地下水路を含めると総延長は数十キロに及ぶ。

アイニー：残りの4分の1を占める。湧き水を利用した灌漑水路で、長くても1キロ程度。

ナツメヤシ畑をうるおすファラジュ
［筆者撮影］

この3種類の中で、特にダウーディーは高度な土木技術が用いられるイランのカナートと同じ原理で作られている。これは、アラビア半島の東側が長らく古代ペルシャ帝国の支配下にあったため、今から2000年ほど前にファラジュの技術がイランから伝わったためと考えられている。イランではカナートと呼ばれるこの灌漑は、

広大なナツメヤシ畑の通路の横に、ファラジュが流れている
［筆者撮影］

中東だけでなく広く世界中で見られるものだが、アラビア半島では特にオマーンとそれに隣接するアラブ首長国連邦の一部で見られる。その中にはおよそ2000年前に作られた灌漑水路が今日でも現役で使用されているものもあり、そのいくつかは世界遺産にも登録されている。

ニズワー近郊のファラジュ・ダーリスも世界遺産に登録されているファラジュの一つだが、あまりに綺麗に整備されているため、それは長い歴史を持つものだとは思われず、単なる小綺麗な用水路に見えてしまう。これはオマーンの文化遺産全体に共通して見られることだが、歴史のある構築物を現代の技術で整備・修築してしまった結果、味も風情も失われ、全く価値のあるものに見えなくなったためだ。同じ内陸部でも、ハムラーのように現在でもファラジュを利用して農業が営まれている集落に行くと、素朴なファラジュを目にすることができる。ナツメヤシ畑を流れる小さいが涼やかなせせらぎは、奥ゆかしいが生活に密着した灌漑水路が作り出す生活の一端をよく見せてくれる。

ファラジュの語源は、古代セム語（アラビア語はセム語の一種とされる）で「分けること」を意味し、ファラジュを流れる水がそのファラジュの所有者によって分割されることに由来すると考えられている。一般的には、一つの共同体が一つのファラジュによって供給される水の全てを所有する。一つの共同体が複数のファラジュを所有することはあっても、一つのファラジュが複数の共同体で所有さ

れることはない。一つのファラジュが供給できる水の量は自ずと決まっているため、突然利用者が増えたりすると、利用者一人あたりの分け前が減ってしまい、争いの元になる。これを防ぐため、そのファラジュを所有する共同体に属していない者が、そこから取水することは一般的には不可能だ。これは共同体内部でも同様で、共同体のある人物が自分勝手に水を使うと、他の人物が不利益を被る。共同体のメンバーはファラジュの水を、誰がどの程度使用するのか細かく取り決めた上で、その決まりを守って利用する。ただし、ファラジュによって水が供給される区画や、水の配分権が売却されたり、リースされることもある。そうして得られた収入は、そのファラジュを所有する共同体のモスクの管理に、またかつてはコーラン学校の維持等に用いられることもあった。あるいは、ファラジュの修繕資金に利用されることもある。修繕を怠れば、地下に掘られた灌漑水路が砂で埋まってしまい、水は人々の元まで届かなくなってしまう。これを防ぐために、ファラジュを保有する共同体は修繕費を積み立て、定期的な修繕を行う。太古のファラジュが今日まで使用されているということは、この修繕作業が長い年月をかけて継続されてきたことを物語っている。

ファラジュを保有する共同体の人々は、そこを流れる水を利用するだけでなく、ファラジュの管理者、会計係、修繕係などの役職を担当することでもつながっている。人々はファラジュによって結びついているのであり、一つの共同体を作っているのだ。あるいはもしかしたら、ファラジュが人々を結びつけ、共同体を形成・維持しているかもしれない。乾燥した自然が、灌漑用水の技術を生み出し、それによって一つ共同体が作られる。一見するとファラジュとは単なる水路に過ぎないが、そこにはオマーンの伝統的な社会のあり方が隠されているのである。

（松尾昌樹）

10

乳香と香木

★オマーン文化の高貴な香り★

オマーンを含むアラブ世界では、「香り」を嗜む風習が今でも日本よりずっと生活に定着していて、男女問わずに香水を楽しむ。スーク（アラブ風の伝統的な市場）を歩くと必ず香水屋があり、そこで扱われているのは、規格化された大量生産品と、目の前で各種のオイルを調合してくれる商品の2種類だ。自分の好みで色々とブレンドするのは楽しいし、ずらっと並んだ香水の瓶を眺めながら店員と会話を交わすのも、スークを歩く楽しみ方の一つだろう。

香水文化は広くアラブ世界に見られるが、アラビア半島、特にオマーンでは、乳香と香木に特徴がある。オマーンをはじめとするアラビア半島諸国を訪れると、ホテルのロビーや高級レストランの入り口に置かれた香炉からゆらゆらと煙が上っているのを見かけることがある。中で燃えているのは、乳香か香木、あるいはそれらがミックスされたものだ。この香りを嗅ぐと、「ああ、オマーンにやって来た」と思えるほどに、他の地域ではあまり嗅ぐことのない、そしてオマーンでは折に触れて嗅ぐことになる、独特で素敵な香りだ。

オマーンは乳香の産地として名高い。オマーンの隣国のイエ

メンおよび東アフリカでも産出されるが、中でもオマーン南部のドファール地方は産地としてよく知られており、このためにオマーンでは外国産ではなく国産の乳香がよく流通している。太古の昔には乳香は同等の重さの金と取引されるほど珍重されていたとも言われており、ドファールの特産品として広く中東地域に流通していた。近年では合成された香水が安価に売られるようになったので、かつてのように流通することはなくなってしまった。しかし乳香の木を他の地域に移植することは難しく、自然と生産地が限られてしまうため、貴重な香料の一種であることには変わりがない。オマーン南部が生産地であるため、マスカト周辺のスークよりも、サラーラのスークの方が多くの乳香を販売している。特にサラーラ王宮に隣接するスークには乳香を扱う店舗が軒を連ねており、それらの間を歩くと、乳香の生産地にやって来たことを実感する。

乳香の木　[竹田敏之撮影]

乳香とは、乳香の木の幹に傷を付け、そこからしみ出る樹液が固まってできた樹脂を採取したものだ。樹脂は白色から黄白色、茶色まで様々であり、また固形化する際の状況や採取の具合によって粒の大きさも異なる。粒が白色であるほど香りが高いとされるため、白色でしかも大粒のものは高値で取引されている。一般的にスークで売られている乳香の粒は、大きくても小指の先程度だ。そのまま嗅いでもほん

のりとした甘い香りがするが、オマーンでは香炉に火種を据え、その上に乳香をおいて蓋をし、蓋に開けられた穴から出て来る白い煙の香りを楽しむ。ちなみに、マトラフからオールド・マスカトに向かう海岸沿いの道を進むと、海に突き出した部分にリヤーム公園があるが、この公園の高台に設置されたモニュメントは、香炉をイメージして作られたものだ。香りの文化がオマーン人の生活の中に深く溶け込んでいることを感じさせる風景である。乳香の香りはただ甘いだけでなく、どこか涼しさを感じさせ、優しさと気品に満ちた感情を呼び起こす。リヤーム公園のこのモニュメントを見ただけで、乳香の香りまで同時に思い起こすことができれば、かなりオマーンの文化に馴染んだといえるだろう。

乳香の煙は、お香として部屋の香り付けに使用したり、衣類に焚きしめたり、あるいは客人をもてなす際に玄関や客間に焚かれる。特に客人をもてなす際にはけちけちつかわず、むしろ大量に使うことで歓迎の気持ちを表すことがあり、そうしたときには部屋の中が煙ってよく見えなくなることもある。また、純度の高い（つまり色の白い）乳香は、そのまま食べられるともいう人もあり、また乳香を入れておいた水を飲むことで、胃腸の調子を整えるのだというオマーン人もいる。筆者は乳香を食したことはないのだが、本書の執筆者の一人の村上氏はこれを食べた経験がある。村上氏によれば、乳香はあまり美味しくないそうだ。

乳香以外にも、オマーンでは香木をミックスさせた手作りの練り香のようなものが流通しており、ブフールと呼ばれている。これは、サンダルウッド（白檀）やウード（沈香）など、日本でも知られている香木に加え、筆者にはなんだかよく分からない、しかし香りの高い植物の破片を混ぜ合わせたものである。色は黒く、オイルで練り上げられているため、ややねっとりとしている。見ためはお茶

の葉を油で練り固めたようなものだ（ただし色は黒い）。これもまた、乳香と同じように火種の上で燻して香りを楽しむ。香りは乳香よりも複雑だ。調合によって様々に異なるが、甘い香りの場合もあれば、スパイシーな場合もある。ブフールの調合には経験がものを言うため、有名な調合師は多くの顧客を抱えている。場合によってはスークに店舗を持たず、調合師が自宅で販売している場合もある。

サラーラの乳香スーク内の乳香店　［竹田敏之撮影］

オマーンにおける乳香産業は、衰退の傾向にあるといわれている。その理由は、第一に樹脂を採取する作業が重労働であり、後継者のなり手が少ないことが挙げられる。第二に、合成香料に押されて乳香の価格が下落しているため、重労働に見合った収入が見込めない。第三に、乳香の木そのものが減少しているため、生産量を維持することが難しいと考えられている。わざわざ香炉を準備して乳香やブフールを焚く手間が煩雑であるのだろうか、あるいはそれらを古臭いと思うのだろうか、オマーン人でも、特に若い世代は乳香やブフールを用いずに、合成品の香水を買い求めることが多いようである。これも、時代の流れなのかもしれない。

（松尾昌樹）

11

オマーンの大地に刻まれた10億年の変動

★壮大な自然景観と変動のドラマ★

アラビア半島の南東に位置するオマーンは、地質学の宝庫として世界の地質学者の羨望の場となっている。特にオマーン北部の海岸に沿って走るハジャル山脈には、壮大な規模で地層や岩石が露出しており、世界各国から地質学者が研究や見学のために訪れる名所となっている。日本では決して見ることのできない壮大な地層や岩石の景観は、一般の旅行者にとっても大きなインパクトを与えるであろう。

アラビア半島は南西側のアフリカ大陸とは紅海によって、北方のユーラシア大陸とはペルシャ湾～ホルムズ海峡～オマーン湾とによって隔たれているが、これら二つの海は成因が異なっている。アラビア半島はアフリカ大陸から、今から4000万年前ほどから分離し始めてその間に紅海～スエズ地峡が形成され、紅海は現在も拡大を続けている。一方、北東側のペルシャ湾からオマーン湾は北側のユーラシア大陸側へ衝突・沈み込みの境界となっている。つまり、紅海は地質学的なタイムスケールではごく最近形成されたのに対し、北側のペルシャ湾―オマーン湾は消滅しつつある海洋で、後で述べるユーラシアプレートとアフリカプレートの間に広がっていたテチス海の最後

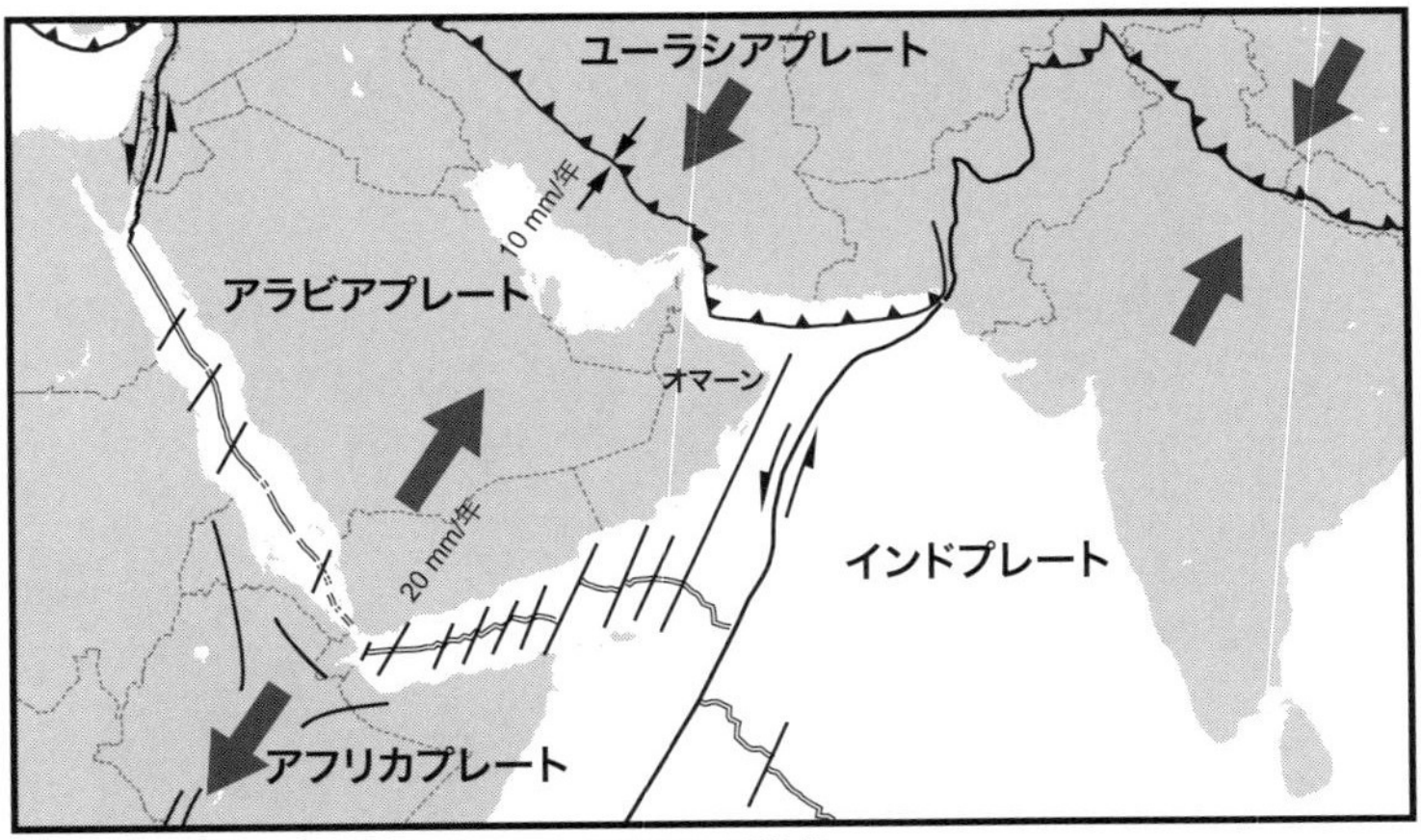

図1　アラビア半島付近のプレートの配置と運動像

[*Oman's Geological Heritage*, 2006]

の名残ともいえる。図1に示すように、アラビア半島はアラビアプレートと呼ばれるプレートを構成しており、年間1センチの速度で北東側へと移動している。なお、この収束境界の北側のイランやアフガニスタンでは地震活動が活発であるが、オマーン側では地震はほとんど発生していない。

オマーンの地質の概要

オマーンを構成する地層や岩石は大きく四つに区分される。

（1）アラビア半島がアフリカ大陸と一体であった10～6億年前に形成されたオマーンの最古の岩石や地層で、アフダル山脈中部のオマーン最高峰ジャバル・シャムスの北側や首都マスカトの南方地域に分布している。これらの地層は長い変動の歴史によって変形作用を被っていて、ペンシルロックと呼ばれる岩石となっている。また、氷河の存在を示す独特の岩石（ドロップストーン）も含まれている。

（2）上記の地層や岩石は元々のアラビア半島で形成されたもので現地性岩体と呼ばれているが、それらを覆っている北側のテチス海由来の地層や岩石（異地性岩体）が二つ目のグループである。アフリカ・アラビアプレートとユーラシアプレートとの間には、テチス

写真1　厚さ数十メートルに達するワディ堆積物
［本章の写真はすべて筆者撮影］

海と呼ばれる海洋が約1億年前まで広がっていた。このグループは、さらに三つの異なった地質体から構成されている。一つ目はテチス海沿岸の浅い海で堆積した古生代から中生代白亜紀までの石灰岩質の地層である。二つ目はテチス海の深海底に堆積した主にチャートからなる堆積物や海山を構成していた石灰岩、玄武岩質溶岩などでハワシナ層群と呼ばれている。そして三つ目は、テチス海が閉じた時にアラビア半島へと押し上げられたテチス海の海洋地殻―上部マントルの巨大な岩体で、オマーンオフィオライトと呼ばれている。オフィオライトとは、過去に海洋底を構成していた様々な岩石群が現在の陸上に押し上げられたものの総称である。これについては次の章で紹介する。

（3）閉じたテチス海に堆積した石灰岩質堆積岩。今からおよそ8000万年前にはテチス海の海洋地殻・上部マントルがアラビア半島上にのし上がり、テチス海は消滅するが、オマーン付近は引き続き浅い海に覆われていた。この浅い海で堆積した石灰質な地層が三つ目のグループである。この地層は前述した二つのグループの上を不整合、つまり下位の地層や岩石を構造的・時間的に不連続に覆っている。

（4）地球史の中では現代ともいうべき第四紀に堆積した地層で、ワディや低地を埋め尽くしているワディ堆積物（礫層）（写真1）や砂丘堆積物などである。膨大なワディ堆積物の存在は、比較的最近までオマーンは現在のような雨の少ない気候とは異なり、大量の降雨が生じていたことを示している。日本ではこうした若い年代の堆積物は固結していないが、オマーンでは天然コンクリートのように固結していることがある。これは実はマントルかんらん岩が広大な地域に分布していることと関係している（第12章参照）。

次に以上の地層や岩石が良く観察される名所について紹介しよう。

写真2　世界遺産の古代の墳墓と背後のミスト山（異地性石灰岩）

オマーンの地質・景観名所

（1）1000メートルもの落差を持つ石灰岩の絶壁で有名なミスト山の南側手前には世界遺産の遺跡がある。石灰岩はテチス海に存在していた海山を構成していたもので、その山麓には深海底で堆積したチャートなどの堆積岩が分布しており、バート遺跡（紀元前3000年頃の古代の墳墓）が連なっていて、背後の岩峯とあいまって見事な景観となっている（写

写真3　3億年の時間間隙を示す巨大不整合露頭

真2）。

（2）ハジャル山脈中部の古都ルスタークの西側には急峻な山岳地域が広がっているが、この山岳地域の背後には盆地が広がっている。ルスタークからワディ・シャッタンやワディ・アウフの渓谷に沿って盆地へ入る途中には、テチス海縁辺の浅い海に堆積した古生代—中生代の地層からなる壮大な絶壁が連なっている。盆地内に入ると、山々が盆地を取巻いており、盆地内には数億年前のプレカンブリアン時代の変形した地層が分布しており、3億年の時代間隙をもつ大規模な不整合が遠景でよくわかる（写真3）。

（3）オマーン最高峰のジャバル・シャムスの西側に、グランドキャニオンと呼ばれる壮大な渓谷が走っている。標高2000メートルを超える展望台からは（写真4）、1000メートルを超える絶壁にテチス海の縁辺部で堆積した浅海性の石灰質堆積岩が累々と積み重なっている。これらの地層にはしばしば大量の貝などの化石が含まれている。

（4）オマーンの北端のムサンダム半島は、北欧に見られるようなフィヨルド地形を示し、その入り組んだ内湾は数百メートルの落差を持つ絶壁に取り囲まれた穏やかな海となっている。海岸の崖はテ

チス海の沿岸部の浅海底に堆積した古生代〜中生代の地層によって構成されており、しばしば大規模な褶曲構造が発達している。この地形は、今からおよそ２０００万年前から開始されたアラビアプレートとユーラシアプレートとの衝突によって、アラビアプレート側が沈降したこと、つまり、急峻な山脈が沈降したことによって生じたと考えられている。

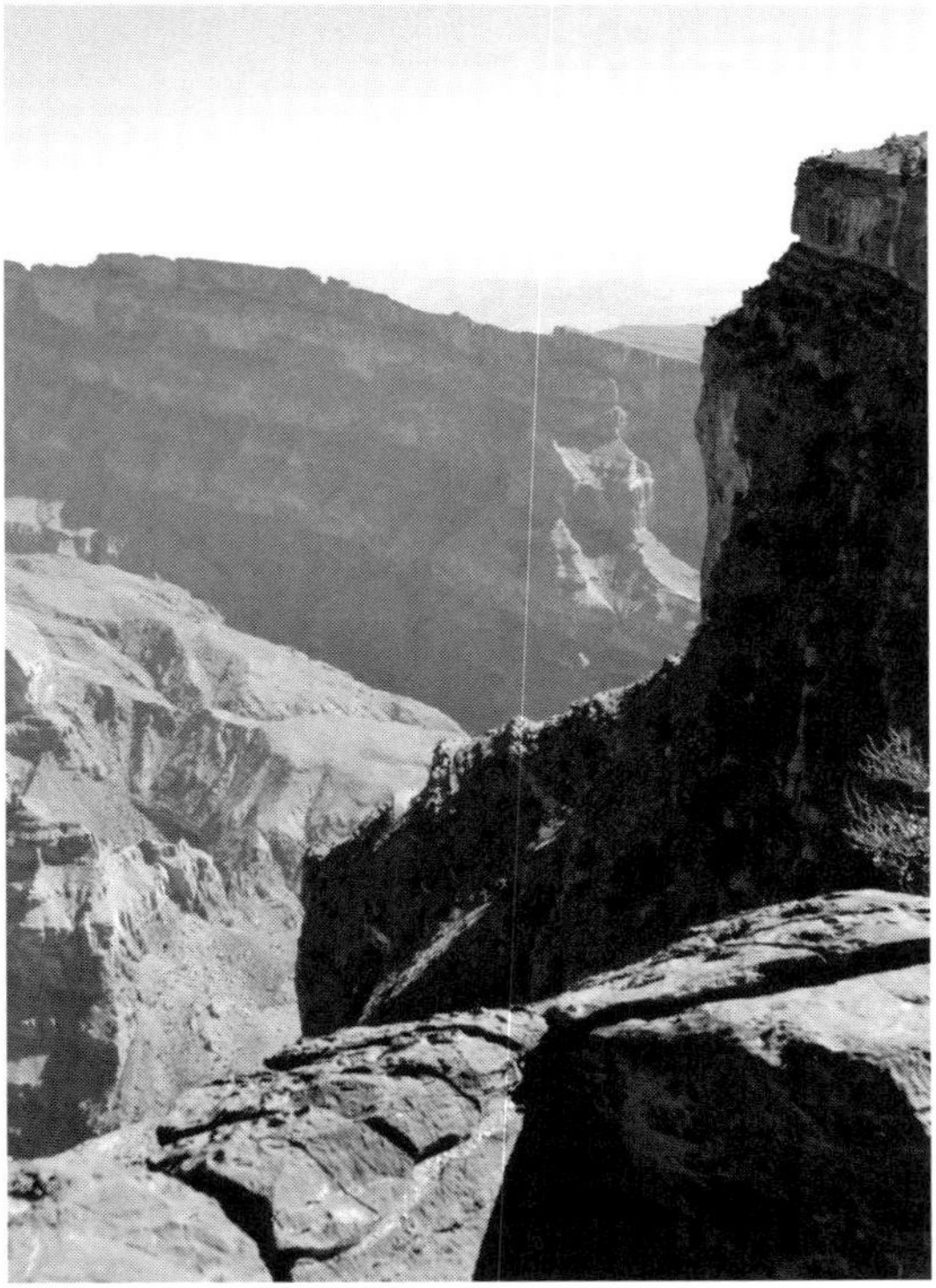
写真4　オマーンのグランドキャニオン

（５）首都マスカトから北へ延びるマスカト・エクスプレス・ハイウエー沿いには、淡黄褐色のガサガサした地層からなる切り割が続く。この地層は、新第三紀の石灰質岩で浅い海に覆われていた時期に堆積したもので、貝化石が大量に産出する。なお、マスカト市内の東部では、マントルかんらん岩の上にこの地層が覆っている不整合露頭が観察される。

（宮下純夫）

12

世界最大のオフィオライト

★1億年前の海洋地殻―上部マントル★

オマーン北部のアフダル山脈には、オフィオライト（過去に海洋底を構成していた様々な岩石群が現在の陸上に押し上げられたもの）が南北約500キロ、幅80キロにわたって露出している。世界の多くのオフィオライトが陸地へ乗り上げる過程で被る変動のためにその構造が乱されているのに対し、オマーンオフィオライトは奇跡的にそうした影響を殆ど被っていない。深海底の地下は直接観察することはできないが、オマーンでは直接それを観察できる場なのである。そのため、オマーンは海嶺の地下深部で生じている地質学的プロセスを解明する貴重な場として世界中の地質学者から注目されている。

海洋地殻は地球の表面の3分の2以上を占めており、3層からなる規則的な成層構造を示すことがわかっている。上部から下へ向かって、深海底堆積物、枕状溶岩、シート状岩脈群、斑れい岩、モホ遷移帯、マントルかんらん岩という順に積み重なっている。図1に示されているように、海洋地殻第3層は斑れい岩、第2層は溶岩・岩脈群に相当する。海嶺は総延長6万キロメートルにも及ぶ長大な海底山脈の列なりであるが、その地下ではマントルが上昇してくることによってマグマが発生す

る。このマグマはマントルと地殻の境界部付近で滞留して斑れい岩を形成する。このマグマ溜りから海底上へマグマが噴出すると枕状溶岩が形成され、そのマグマの通路が岩脈群ということになる。このようにして図1に示されているような一連の成層構造が形成されるのである。

オマーンオフィオライトは中部から北部にかけては緩やかに東側へ傾斜した構造を有しており、海側から西側の内陸へ向かって浅部から深部の岩石が順次露出している。つまり東側から溶岩層、岩脈群、斑れい岩層、そして地殻—マントル漸移部をへて西側には幅数十キロにも渡ってかんらん岩が広がっている。

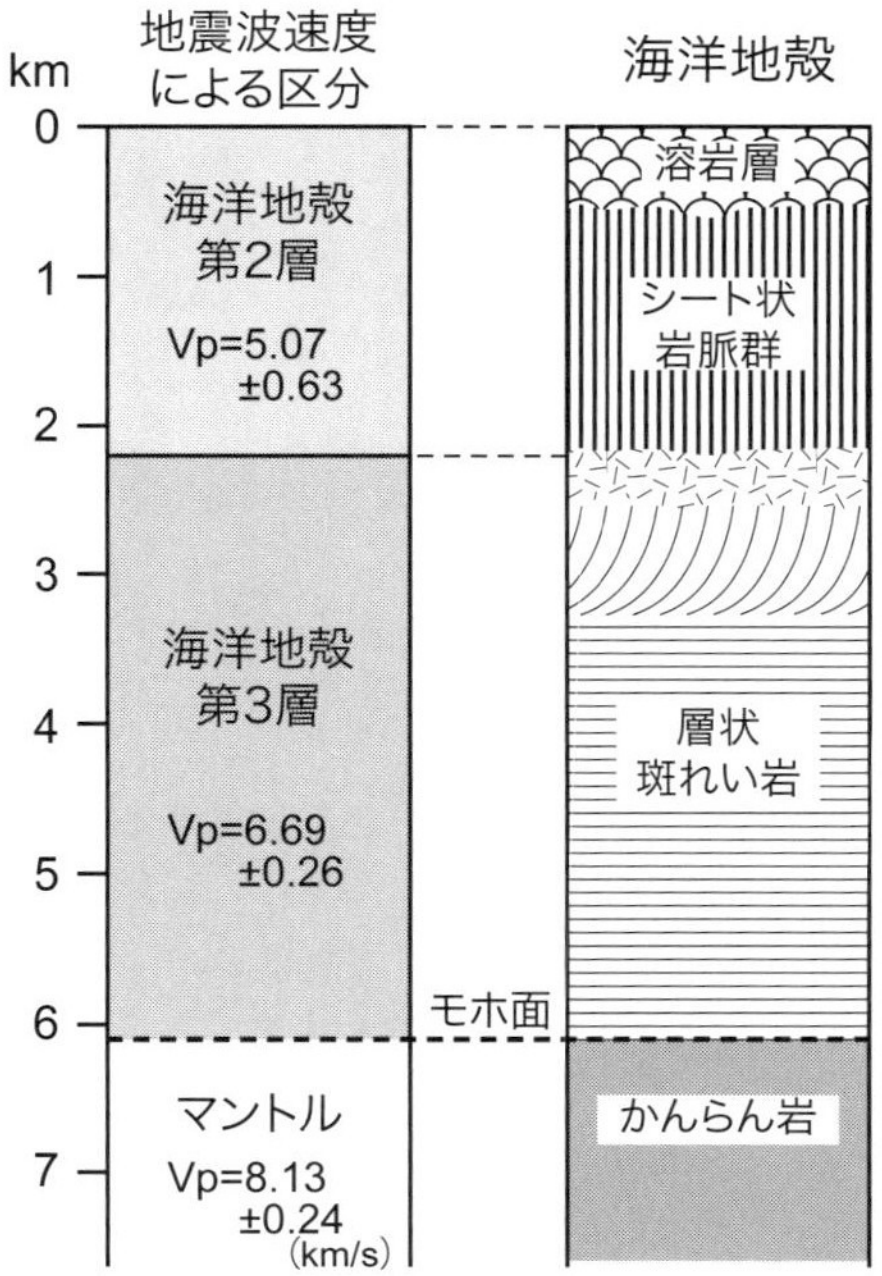

図1　海洋地殻の物性的区分と実際の岩石の積み重なり　［宮下ほか、2008］

こうした岩石の違いは地形にも反映しており、山脈の麓の緩やかな丘陵地域は溶岩層が、山脈前面のギザギザした低い山並みは岩脈群が、その後方の高い山並みは斑れい岩層から構成されている。かんらん岩は、ギザギザした山稜からなる険しい地形を示している。以下、海洋地殻の上部からマントルへ向かっての変化を述べよう。

溶岩層は比較的平坦な丘陵地に

写真1　ワディ・ジジの枕状溶岩、深海底上を流出したことによりこうした独特の構造が作られる

写真2　シート状岩脈群の壁、縦方向に見える縞は幅が2〜3メートルの岩脈からなる

［本章の写真はすべて筆者撮影］

分布しているが、ワディ沿いには見事な巨大露頭もある。写真1はワディ・ジジ沿いで観察される枕状溶岩の様子である。一億年前に形成されたにもかかわらず、その生々しさには目を見張るばかりである。枕状溶岩は海底上に溶岩が流出した時に形成されるもので、海水によって急冷されてガラス質の外殻が形成され、枕状の溶岩が次々と積み重なって形成される。

岩脈とは既存の岩石や地層を切ってマグマが貫入・固結した岩石のことで、何も珍しくない。しかし、全てが岩脈だけから形成されているような例は、日本ではほとんど存在しない。シート状岩脈群とは、無数に繰り返された岩脈の貫入によって岩脈だけから構成されるようになった岩石のことで、プレートテクトニクスが提唱されたとき、海洋底拡大の現場を示す証拠として大いに注目された岩石である。海嶺で地殻が新たに形成される際に、海嶺軸と平行な方向に割れ目が形成され、そこに海嶺直下のマグマ溜りからから上昇してきたマグマが埋めてゆく。つまり、岩脈群は前述した溶岩層を供給したマグマの通り道を表している（写真2）。

海嶺直下のマグマ溜りの化石ともいえるのが斑れい岩層である。海嶺の地下にはマントルから上昇してきたマグマが滞留してマグマ溜りを形成し、それがゆっくりと冷却・固化して斑れい岩となる。この斑れい岩層は4～5キロと厚く、海洋地殻の3分の2以上も占めている。マグマ溜りの屋根

写真3　岩脈群からなる岩峰とその下位の斜面を構成する塊状斑れい岩

写真4　マグマ溜りの深部で形成された層状斑れい岩

部は方向性のない不均質な斑れい岩からなるが、その下の大部分の斑れい岩は白黒の薄層とが繰り返すことによる縞状の構造を示すことから層状斑れい岩と呼ばれている。写真3の山頂部付近の切り立った岩峯はシート状岩脈群、その下のややのっぺりした斜面は塊状な斑れい岩からなっている。また、写真4はその下位にあたる層状斑れい岩の様子を示している。

本オフィオライトでの注目点は、マントルと地殻の境界（モホ面）が直接観察できることである。モホ面（正式にはモホロビチッチ不連続面）とは地殻とマントルの境界面のことで、大陸や島弧では35キロほどの深さにあるが、海洋底では海底下わずか6キロほどの深さに存在している。このモホ不連続面は地震学的探査によって発見されたが、実際の境界面については直接的観察は困難である。しかし、オマーンではその境界を詳しく観察・研究することができるのである。

モホ遷移帯の西側はマントルを構成していたかんらん岩からなっている。首都マスカトのマトラフ地区付近にもマントルかんらん岩が広く分布しており、近くの城塞（マトラフフォート）もこの岩石の上に建っている。写真5はそのかんらん岩の岩山の様子を示しているが、白っぽく見える部分はダナイトと呼ばれる岩石からなっており、海嶺の下にあったマントルかんらん岩の中でメルト（マグマ）が関与した跡を示している。

写真5　首都マスカトのマトラフ付近のマントルカンラン岩

写真6　モホ遷移帯付近に出現するオアシス

モホ不連続面とオアシス

オマーンでは水が乏しいために湧水は極めて貴重で、そうした場所は緑豊かなオアシスとなっている。写真6はワディの中に出現するオアシスを示しているが、左側はマントルかんらん岩から、右側は層状斑れい岩からなっている。つまり、このオアシスはモホ不連続面に位置している。実はオマーンオフィオライト中のオアシスの多くがモホ面付近に位置している。この理由は、以下のように説明される。マントルを構成しているかんらん岩は、海嶺の直下でマグマを排出して溶け残りマントルかんらん岩となり、海嶺の両側へと固体流動していく。一方、その上はマグマから固結した斑れい岩層が形成される。つまり、このモホ不連続面は、もともと大きな構造的不連続であり、オフィオライトとして上昇した後も構造的弱線となっていたのだろう。そのため、断裂が形成されやすく水が湧出しやすい場所となったのであろう。大きなワディ沿いのオアシスが存在している場所の多くがモホ面付近に位置しており、オアシスの存在によって集落が出現することになる。つまり、オアシスの出現や集落の発生にはこうした地質学的背景が隠されているのである。

マントルかんらん岩と二酸化炭素の吸収・固定

オマーンオフィオライトの大部分を占めるのはかんらん岩である。このかん

写真7　天然のコンクリートのように固結したワディ堆積物

らん岩は水が存在していると地下では蛇紋岩という岩石に変化していく。一方、マントルから湧水が生じている場所では、しばしば乳白色に濁った膜によって水面の表面が覆われており、水底にはそれらが積もり重なった白い沈殿物が生じている。これは地下で進行している蛇紋岩化作用によってかんらん岩に含まれていたカルシウムが溶出し、それが大気中の二酸化炭素と反応して炭酸塩鉱物として沈殿したためである。ワディ堆積物がコンクリートのように固化しているのは（写真7）、礫の間に炭酸塩鉱物が析出することによって固化したためである。つまり、オマーンでは広大な地域にかんらん岩が露出しているために、天然コンクリートの形成による二酸化炭素の吸収・固定が大規模に生じており、現在問題となっている地球温暖化の進行を遅らせる可能性があるということで国際的な注目を集めている。

（宮下純夫）

コラム1

オマーンへ行ってみよう
——日本からオマーンへのルート

村上拓哉

オマーンは日本から最も近いアラブの国であるが、多くの日本人にとっては未踏の地だろう。お隣のアラブ首長国連邦（UAE）のドバイには観光客やビジネスマンが集まり、日本からヨーロッパに渡航する際のハブにもなる一方、日本からの直行便もないオマーンのことを心理的に遠く感じるのも無理はない。とはいえ、近年オマーンでは観光資源の開発が進んでおり、日本の旅行会社もオマーン行きのツアーを企画するようになってきている。こうしたツアーに参加してオマーンを訪問するのも手だが、個人で訪問するのも決して難しい国ではない。

オマーンに行くためのもっとも一般的な経路は、エミレーツ航空でのドバイ経由、エティハド航空でのアブダビ経由、カタール航空のドーハ経由といった湾岸諸国の航空会社を利用するものだ。日本から、そして乗り換え先からの便数が多く、中継地となる空港での乗り換えも容易だ。このほか、バンコクやジャカルタといった東南アジアを経由するルートもあり、中継地までは東南アジア諸国の航空会社、そこからオマーンまではオマーン航空を利用するルートもある。

空路でオマーンに来た場合、大半の人はマスカト国際空港、南部のドファール地方を訪問する人はサラーラ国際空港に到着することになるだろう。日本人の場合、オマーンの訪問には査証（ビザ）が必要だが、観光目的の訪問の場合は空港で簡単に取得することができる。30日間以内の滞在であれば、到着時にカウンターで20リヤール（約6000円。ドルでの支払いも可能）でその場で両替もしてくれる。2017年9月現

在）を支払えば何の支障もなく取得することができる。

利便性を度外視し、旅の醍醐味を味わうのであれば、陸路や海路での入国も可能だ。オマーンはサウジアラビア、UAE、イエメンの3カ国と陸上で国境を接しているが、そのうち一般人が利用できるものはUAEからのルートに限られる。ドバイ・マスカト間は高速バスが運行しており、所要5〜6時間程度で移動できる。国境付近は山岳地帯になっているものの、道路は全て舗装されており、空調の効いたバスでの移動は思いのほか快適だ。国境の通過に時間がかかることもあるが、観光客がビザの取得などで揉めることはほとんどなく、必要な手続きもバス会社のスタッフが代行してくれる。なお、国境地帯は治安上の理由から写真撮影が厳禁であり、バスの中からでも外の風景を撮ることは控えた方が賢明だろう（筆者はラクダを撮影していたところを国境警備隊に見咎められてバスから一人降ろされたことがある）。

多くの都市が海に面しているオマーンには、船で訪れるのも乙である。世界を周遊するような豪華客船がマスカトに寄港することもあるし、ドバイからは日帰りクルージングでムサンダムに行くこともできる。また、対岸のイランからはホルムズ海峡を縦断してハサブやソハールに入るルートも最近開通した。往年の海洋帝国に思いを馳せながら船旅するというのも楽しいかもしれない。

II

歴　史

13

古代文明マガン

★オマーン伝統文化の礎★

マジャン・コンチネンタル・ホテルに、空港のマジャン・ラウンジ。オマーン国内で、「マジャン」という固有名詞をしばしば見かける。その語源は「マガン」。古代メソポタミア文明の時代、オマーンの地はそう呼ばれていた。

「マガン」という地域名は、紀元前24世紀、メソポタミアはアッカド王朝の創始者サルゴン王の治世にはじめて歴史の舞台に登場する。当時の楔形文字文書に、首都アガデの港にディルムン、マガン、メルッハからの船が繋留されたことが記されている。ディルムンは現在のバーレーン、メルッハはインダス文明に比定される。マガンからは銅、紅玉髄、青銅製品などがもたらされた。

オマーンでは銅鉱が産出し、内陸部のマイサルなどに同時代の精錬遺跡も発見されているため、マガンをオマーンに比定することについては、研究者の間でほぼ見解が一致している。ただし、アケメネス朝ペルシャのマカ州がイランとオマーンの両岸にまたがっていたことや、パキスタンとイランにまたがる海岸地方にマクラーンという地域名が残っていることから、マガンはオマーン湾の両岸を指す地理的名称だっ

写真１　ハフィート期の円塔墓。ワディ・アルアイン遺跡　［田中奈保子撮影］

た可能性がある。

マガンの遺跡は、アラブ首長国連邦からオマーンにかけての海浜部とハジャル山麓のオアシス地帯に点在する。文字史料は見つかっていないが、アラブ首長国連邦のアルアイン（オマーン領ブライミーとの双子都市でもある）に所在するヒーリー遺跡や、オマーン内陸部のバート遺跡で、オアシス集落に伴う大規模な墓域が見つかっている。バート遺跡を例にとって、当時の生活を垣間見てみよう。

バート遺跡は、行政区分でいうとザーヒラ行政区イブリー州、地理的にみるとハジャル山脈南麓の盆地に位置する。マスカトから遺跡に至るには、ルスタークから国道10号線の峠道を越えるか、ハジャル山脈の南麓をニズワーからイブリー方面に向かう国道21号線の街道を行く。どちらのルートも、古代から使われていたであろうことは想像に難くない。ニズワー・イブリー街道にはオアシス町が数珠つなぎになっており、その南には広大なルブアルハリ砂漠が広がる。いわば、この地域はハジャル山脈の東西南北を結ぶ十字回廊になっている。

バート遺跡では、これまでに６００を超える数の遺構が確認

写真２　ウンム・アンナール期の円形墓。バート遺跡
［三木健裕撮影］

されている。その多くは墓である。最も数が多いのは、マガン時代の幕開けとなるハフィート期（紀元前3200〜紀元前2750年頃）の円塔墓である（写真1）。スレート状の石を円錐台形に積み上げた構造をしており、典型的なものでは直径5メートル、高さ3メートル程度の大きさで、三角形の入り口を持ち、内部の玄室は一つである。ハフィート期の墓は丘陵の稜線上に連なって造営されることが多いが、時代が下ると麓にも造られるようになる。埋葬人骨や副葬品が出土することは稀だが、メソポタミアのジャムデット・ナスル式土器や青銅製の柄鏡の出土例がある。

マガン時代の中盤に相当するウンム・アンナール期（紀元前2750〜紀元前2000年頃）は、マガンが最も栄えた時期である。この時期の墓（写真2）もハフィート期と同様に円形であるが、稜線上でなくその麓の段丘上に造営されること、建材に切石が用いられるようになること、直径が10メートル級に大きくなること、玄室が複数の区画に分けられていることなどが異なる。おそらく、家族が合葬されたのであろう。遺骨が取り出されて、墓の前の穴に埋葬し直された事例もある。

写真3　巨石を用いた円形基壇の周壁。バート遺跡カスル・アルスレメ地点
［筆者撮影］

もう一つ、ハフィート期からウンム・アンナール期にかけてのオアシス集落に特徴ある施設として、「タワー」と呼ばれる円形基壇がある。これは、典型的なもので直径20メートル、現存高5メートル程度の円形の構造物で、主に沖積低地に立地する。中央に井戸を持つ。切石積みのものが多いが、ヒーリーなどでは泥レンガ造りの事例も知られている。建造物の内部は長方形の小区画に分けられている。また、円形基壇の外側にも小部屋群が付属しており、周壁・周濠が複数めぐらされている。石皿やすり石が多く出土するので、水を使った植物加工が行われていたらしい。以前、円形基壇はウンム・アンナール期の所産であると考えられていたが、研究調査の進展により、その起源はハフィート期の後半までさかのぼることが分かってきた。時代が下ると、切石が大型化し、規模も大型化して、水の得にくい丘の上に造営されるようになる（写真3）。おそらく、給水施設と

写真4　ワディ・スーク期の配石墓。バート遺跡　［三木健裕撮影］

して本来の機能が失われ、記念碑的な建造物に変容していったのだろう。そうなると、日本列島の古墳の大きさと同じように、円形基壇の大きさも地域集団間の力関係を反映したものとなる。これまでに知られている最も大きな円形基壇は、ニズワーの南のビシヤにある。

円形基壇の大きさから地域集団間の力関係がある程度推し量れるとはいえ、文字史料が残っていないため、マガンの社会構造はいまだ謎に包まれている。その担い手が、海洋交易民なのか、オアシス農耕民なのか、沙漠の遊牧民なのか、ということも確定していないが、おそらく、その社会では多様な生業が複合していたと考えられる。

巨大化していく円形基壇は、マガン時代の終盤にあたるワディ・スーク期（紀元前２０００〜紀元前１６００年頃）に入ると造られなくなり、墓も直径５メートル未満の楕円形配石墓が造られるばかりになっていく（写真４）。巨大な墳墓を造営し

うる社会の結集力が失われてしまったことを想起させる現象である。ところで興味深いことに、マガン時代にオアシス集落であったところには、ほぼ例外なく、現在のオアシス村落が営まれている。いうなれば、オアシスをなりわいの基盤とするマガンの生活文化は、オマーンの伝統文化の礎となっているのである。

バート遺跡は、隣接するアルフトゥム、アルアイン遺跡とともに、ユネスコの世界遺産リストに登録されており、オマーン遺産文化省が史跡整備を進めている。近年、オマーンでは、他にも考古学の新発見が相次いでおり、出土品はマスカトに2016年にオープンした国立博物館にいち早く展示されている（写真5）。マスカトを訪れる機会があったら、ぜひ足を運んでみてほしい。

（近藤康久）

写真5　マスカトの王宮前にオープンした国立博物館
［筆者撮影］

14

オマーンとイスラーム

★初期イスラームへの貢献★

神の使徒ムハンマドからオマーンの人びとへ。
「貴殿らの上に平安あれ　陳者（のぶれば）　アッラーのほかに神はないこと、われムハンマドは神の使徒なることを告白したまえ。礼拝を行いたまえ。定めの喜捨を支払いたまえ。モスク（礼拝所）を建立したまえ。さもなくば、貴殿らを征服する」

右は、イスラームの預言者ムハンマドが、オマーンの人びとに宛てたと伝えられる書簡の内容である。書簡の内容、および書簡に関する伝承は、オマーンに暮らしていた人びとのイスラームとの接触、またオマーンへのイスラームの伝来が、預言者ムハンマドの存命時にまでさかのぼることを示している。

イスラームが伝来する以前のオマーンでは、ゾロアスター教（拝火教）、偶像崇拝、またキリスト教、ユダヤ教などが知られていた。ゾロアスター教は、当時オマーンに影響力を有していた、イランのササン朝ペルシャが国教とした宗教である。偶像崇拝はオマーンに限らず、当時のアラビア半島で広く実践されていた。またドファール地方には、キリスト教の教会

があったとも考えられている。

オマーンに暮らしていた人びとがイスラームを知るきっかけについては、様々に語られる。オマーンの歴史書によれば、マーズィン・ブン・グスーバという人物が、内陸部の町サマーイルに住んでいた。彼は「ナージル」と呼ばれる偶像を崇拝していた。ある日マーズィンはこの偶像に対して羊を供犠したところ、偶像から自分に呼びかける声を聞いた。その内容を不思議に思っていたところ、アラビア半島の紅海沿岸地方から、男が彼のもとにやって来た。マーズィンがこの男に偶像から聞いた言葉を伝えると、その男は、メッカにムハンマドという男が現れ、人びとに対しイスラームへの帰依を呼びかけているという話をした。それを知ったマーズィンは、メディナにいたムハンマドのもとへ行き、イスラームについてムハンマドから直接説明を受けた。そしてついにはマーズィンはイスラームに入信するに至った。

アラビア半島の統一、またイスラームの拡大を目指し、ムハンマドは各地に使者を遣わし、イスラームを受け入れるよう、人びとに説いていた。冒頭に示したオマーンの人びとへの書簡のほか、預言者ムハンマドは当時のオマーンを治めていた兄弟に、書簡を送り、入信を促した。ソハールにいたこの兄弟は、この書簡を受け取ると、イスラーム教徒となった。さらに2人が現地のアラブ人に、イスラームへの入信を促すと、アラブ人たちはそれに応じ、イスラームを熱望したとされる。この出来事は、イスラーム暦8年（西暦630年）のこととされる。預言者ムハンマドがこのときこの兄弟に宛てたとされる書簡は、2010年現在、その複製がオマーン遺産文化省で展示されている。オマーンの国定歴史教科書にも掲載されていることからもわかるように、同書簡は、オマーン人のイスラー

ム的アイデンティティの象徴となっている。

この時の人びとのイスラームへの入信は、宗教的熱望もあっただろうが、政治的打算という側面も強かったようである。すなわち、ムハンマドが死去すると、オマーンの人びとの一部は、イスラームを棄教した。メディナのイスラーム政権は、オマーンに鎮圧軍を派遣した。この鎮圧軍は叛乱者たちを殺害あるいは捕縛し、彼らの財産を戦利品として略奪した。それ以降、イスラーム教徒による統治が、この地で続けられた。

イスラームの伝来後も、オマーンの地では、イスラーム以外の宗教を奉じる人びとが暮らしていた。彼らがいつ頃までにイスラームに入信したか、あるいはオマーンを去ったかは不明である。しかしながら彼らは、為政者・統治者に対し、人頭税を支払うことで、信仰を持ち続けたままオマーンで生活を送り続けることができた。イスラームに入信した人びとは、アラビア半島から中東・北アフリカへと展開する大征服運動に参加した。オマーンの男性は、ある者は単身で、またある者は家族を連れて、イラクのバスラなどに建設された軍営都市に移住し、そこから前線へと向かった。また西暦8世紀以降、バスラがイスラーム諸学問の中心拠点の一つとなると、オマーンから多くの人びとがバスラに向かった。西暦8世紀に活動したオマーン出身の学者として、ハリール・ブン・アフマド・アルファラーヒーディー（718～786年）の名を挙げておこう。言語学者として名高い彼は、現存する最古のアラビア語辞典『アインの書』を編纂したほか、アラビア語韻律学や音楽学の分野でも、偉大な足跡を残した。

メッカで興ったイスラームは、アラビア半島の外へ急速に勢力を拡大する一方、政治的共同体とし

てのまとまりは、ムハンマドの死後40年も経たずに崩壊した。その後シリアのダマスカスを都とするウマイヤ朝が成立すると、オマーンには反体制の立場をとる人びとが滞在するようになる。ハワーリジュ派と呼ばれるこの反体制派は、イラクのバスラやクーファなどで、ウマイヤ朝政権に対して何度も反乱を起こしたが、多勢に無勢、彼らはことごとく征討軍によって鎮圧された。そうした中、このハワーリジュ派の内から、イバード派と呼ばれる宗派が形成され、その勢力はオマーンにも拡大していった。

（近藤洋平）

15

イバード派

★その歴史と特徴★

「知識（の鳥）はメッカで卵を産んだ。（その卵は）メディナで孵化した。（若鳥は）バスラへと飛び立った。そして（成鳥は）オマーンへと飛びかかった」

右は、オマーンのイバード派の間に伝わる言葉である。後代には預言者ムハンマドにも帰されるこの言葉は、イバード派が、イスラーム的知の連続性とともに、自派の正統性を端的に表現したものとして理解できよう。

イバード派とは、西暦7世紀末から8世紀半ばごろまでの間に活動したと伝えられる、アブドゥッラー・ブン・イバードを名祖とする、イスラームの一宗派である。現在イバード派の信徒は、オマーンのほか、北アフリカのアルジェリアやチュニジア、リビア、また東アフリカ沿岸部などに暮らしている。その信徒数は、多く見積もっても、200万〜300万人ほどである。十数億人の信者を抱えるイスラームにあって、イバード派は1％にも満たない勢力である。しかしながらこの少数派は、イスラームの二大宗派であるスンナ派やシーア派にも遜色しない豊かな思想を持ち、殊にオマーンの歴史や現地のイスラーム

を語るさいには、その説明を避けて通ることができない集団である。

前章で見たように、7世紀半ばにイスラーム共同体が分裂すると、オマーンにはウマイヤ朝政権に反抗的な態度をとるハワーリジュ派の立場に賛同する人びとが多く滞在した。このハワーリジュ派は、イラクのバスラやクーファなどでも活動していた。そしてハワーリジュ派のうち、バスラを拠点とし、穏健な立場をとる一派が、西暦8世紀半ばまでに形成された。これが、イバード派である。バスラのイバード派コミュニティーには、イスラーム世界各地から人びとが来訪した。彼らは教義を学んだ後、自らの郷里へと戻っていったほか、イバード派の宣教者として、各地へと派遣された。8世紀半ばには、アラビア半島南部で蜂起した一団が、一時的にではあるが、イスラームの二大聖地であるメッカとメディナを占領することに成功する。イバード派コミュニティーは、シリア地方を除いて、西暦8世紀のイスラーム世界の主要都市に、小規模ながら存在した。

そしてイバード派は、オマーンにおいても、西暦8世紀半ばに、独自の指導者を擁する政権の樹立に成功した。この政権はすぐに崩壊するが、続く8世紀末に成立したイバード派政権は、9世紀末まで存続した。以後、イバード派の宗教指導者が政治を司る政権（イバード派政権）は、断続的にオマーンに成立した。最後にイバード派政権がオマーンの地を統治したのは、前世紀前半から半ばにかけてである。1959年に英国の支援を受けたマスカト・スルタン国（ブー・サイード朝）によって滅ぼされるまで、この政権は、内陸部で、イスラーム法の規定に基づく統治をおこなっていた。

イバード派の特徴を、思想の面からみてみよう。前近代のそれは、宗教的個別主義としてまとめることができる。すなわち、自派のみが真理を所有し、自派に属する者のみが来世における楽園行きを

保持する、という立場である。オマーンのイバード派の学者たちは、イスラーム共同体を構成する人びとを、イバード派とそれ以外のように分類する。そして自分たちを信仰者と規定する一方、他のイスラーム教徒を、イスラーム共同体を構成するが、来世における救済を与えることのない、偽信者・不信仰者として分類する。

自派の結束を高め、またアイデンティティを確立するため、イバード派はワラーヤとバラーアという概念を発達させた。ワラーヤとは「関わりを持つこと」を意味し、自派に属する者同士の肯定的かつ積極的な関わりの実践を求めるものである。イバード派の学者たちは、神に対する宗教的儀礼の実践のみならず、挨拶をする、手助けをするなどの構成員同士の積極的な人間関係は、善行として、神（アッラー）との関係においても肯定的に作用すると訴える。そして自派の構成員に、日頃から他者との友好的な関係の維持を促している。ワラーヤの保持者は、信仰者として認識される。一方、バラーアとは、「関わりを絶つこと」を意味する。それは換言すれば、イバード派の求める規範に従わない者を「追放・破門」することをさし、他宗派・他宗教に属する者と、イバード派内で逸脱行為を犯した者を対象とする。バラーアの対象となる人びとは、不信仰者として理解される。イバード派内の逸脱者に対するバラーアの宣告は、慎重かつ手順を踏んでおこなわれた。該当者に対して、悔悟を求め、悔悟をすれば、その該当者はワラーヤの状態を保持できる。悔悟を拒絶した場合になってはじめて、その者にバラーアが宣告された。

イバード派はまた、独自の指導者論を整備した。指導者論の中で最も特徴的なものは、指導者の資格に関する項目である。古典によれば、共同体の長である指導者は、スンナ派世界の指導者（カリ

フ）のように、メッカのクライシュ族出身者である必要はない。またシーア派世界の指導者（イマーム）のように、預言者ムハンマドに連なる血統を有する者である必要もなく、また無謬である必要もない。男性の自由人で成人した理性者であること、心身が健康であること、アラビア語が流暢であること、イスラームについて深い知識を有していることなどの個人的要件を満たし、学者たちの協議によって適任と見なされれば、指導者として選出されうるのである。

オマーンの地域に国民国家が形成され、域内にスンナ派やシーア派、また他宗教に属する人びと（第41章参照）がいる現在において、イバード派の信徒は、右のようなワラーヤとバラーアの原則を声高に叫んだりはしない。むしろ彼らは、宗教的寛容という態度のもと、他者との共生・共存を図っていくことによって、オマーンの地で生き残りを図っているようにみえる。

（近藤洋平）

16

旅行家が見たオマーンの中世

★中東の歴史世界のなかで★

昔のオマーンに暮らしていた人びとは、どのような生活を送っていたのだろうか？　残念ながら現存するオマーンで執筆された古典は、この問いに対して、時代がバラバラの、断片的な記述しか提供してくれない。しかしながら、西暦14世紀前半、世界各地を旅した大旅行家が、オマーンにも足を運び、詳細でまとまった報告を残している。旅行者の名は、イブン・バットゥータ（１３０４～68／69年）。モロッコで生まれた彼は、14世紀前半のイスラーム世界のほぼ全域に足を運んだ。

１３２９年（あるいは１３３１年）、東アフリカ沿岸のキルワからアラビア半島に向けて出港したイブン・バットゥータは、アラビア半島南部のドファールに到着する。当時のドファールは、インド洋航路の中継地点として、またオマーン内陸部への玄関口の一つとして機能していた。イブン・バットゥータによれば、インドのカルカッタからドファールまでは、季節風を利用して、ほぼ1カ月の行程であった。またドファールからイエメンのアデンまでは陸路でやはり1カ月、オマーンへは20日の日にちを必要とした。ドファールの町は砂漠の中に孤立して存在し、町の外に市場があった。残念ながらこの市場の衛生状態

は、イブン・バットゥータに好印象を与えることはできなかったが、イブン・バットゥータは、丸々と肥えたイワシが売られていること、このイワシは食用のみならず家畜の飼料としても用いられていることを、驚きを持って報告している。このほかイブン・バットゥータは、ドファールの市場では、黒い衣服を着た女奴隷が小売業に従事していたことも報告している。

ドファールに暮らす人びとは、モロコシを栽培していたほか、インドから輸入される米を主食としていた。ドファールの人びとは、イブン・バットゥータによれば、謙虚で、性格がよく、徳があり、よそ者に対しても親しみをもって接していた。彼らは、インドから輸入した木綿の服を着て、ズボンの代わりに布を腰に巻き付けていた。このほか町では、絹、綿、麻製の良質の服がつくられていた。イブン・バットゥータは、人びとの様子として、多くの人びとが象皮病を患っていたこと、モスクで熱心に勉強がされていることのほか、自身の故郷であるモロッコの人びとの暮らしぶりとの類似点をいくつか挙げている。モロッコ出身の彼には珍しく映ったのだろう、イブン・バットゥータは、ドファールの名産品として、バナナ、ココヤシ、そしてキンマ（インド原産のコショウ科の蔓植物。葉には辛味と芳香があり、噛んで楽しむ）を挙げ、詳細な報告を残している。ココヤシの果汁は、彼の口には「甘さと冷たさの極み」だったようである。

イブン・バットゥータは、海路オマーンを目指し、ドファールの港を出航した。船は海岸に沿って東に進んだようで、途中で彼は何度か小港に寄っている。彼はアラビア半島南部特産の乳香を産出する木についても報告している。当時のアラビア半島南部の海岸部に暮らす人びとは、漁業を生業とし、ラハムという名のサメに似た魚などを獲っていた。沿岸部に暮らす人びとの住居の中には、魚の骨と、

ラクダの皮革を利用したものもあった。イブン・バットゥータの船上生活は、イスラームの聖典コーランを暗唱するインド人巡礼者との語らいや、オマーン人商人が準備したデーツシロップのかかったモロコシ粥を味わうなど、彼の好奇心を掻き立てることもあれば、暴風と荒波に一日中もまれるなど、辛いこともあったようである。マシーラ島経由でスールに着いたイブン・バットゥータは、陸路でカルハートへと向かった。

カルハート滞在は、イブン・バットゥータには心地よかったようである。彼は、市場の綺麗さやモスクの美しさ、またビビ・マリヤム廟の壮麗さを報告する。カルハートの魚はイブン・バットゥータの舌にとてもあい、彼はカルハート滞在中、魚以外は食べなかったとのことである。魚は、葉の上でグリルされ、米とともに供された。その米は、ドファール地方同様、インドから輸入されたものである。カルハートの人びとは、アラブ人ではあったが、イブン・バットゥータにはきれいなアラビア語には聞こえなかった。イブン・バットゥータは、文語には見られない、彼らが話す口語アラビア語の特徴を報告している。また現地の人びとの多数派は、ハワーリジュ派（おそらくイバード派）に属していたが、当時その地を治めていたホルムズ王国の王がスンナ派であったので、自分たちの信条を表出せずに暮らしていたとのことである。イブン・バットゥータは近郊のティービーを訪れ、その景観のすばらしさを、その地でとれる産物とともに報告している。

イブン・バットゥータは、カルハートから砂漠を越えて、7日の行程でオマーン内陸部に到着した。現在と同じように、当時の内陸のオアシス町は、川、木、庭園、ナツメヤシからなる肥沃な土地で、多様な果物が栽培されていた。イブン・バットゥータは、中心都市のニズワーでは、人びとはモ

スクの中庭で一緒に食事を摂っていること、人びとには勇猛さや果敢さが備わっていること、イバード派に属し、その教えに従った会話、やり取りがなされていたことを我々に伝える。

イブン・バットゥータによるこうした報告は、14世紀前半のオマーンの様子を、モロッコ出身の旅行家の視点から描写したものである。そのため、彼の価値観に従って、彼の印象に残ったものが、いくらか誇張されて報告されただろうことを気に留めておく必要はあるだろう。しかしながらそれでもなお、彼の語りは、当時のオマーンを知る貴重な記録である。イブン・ジュザイイ（1357年没）によってまとめられたイブン・バットゥータの『大旅行記』は、幸いにして日本語で読むことができる。同旅行記は、当時のオマーン、そして世界の様子に関心のある方に、是非手に取ってもらいたい作品である。

（近藤洋平）

17

ポルトガルを追撃するアラブ人

★ヤアーリバ朝と海洋国家への道★

オマーンはシンドバッドの国と紹介されることがある。シンドバッドとはアラビアンナイト（千夜一夜物語）の中の「船乗りシンドバッドの物語」で紹介されている船乗りで、架空の人物である。オマーンがシンドバッドと結び付けられて紹介されることが多くなったのは、イギリス人の冒険家のティム・セブリンが、歴史上の航海で用いられていた木造帆船を再現建造し１９８０〜81年にオマーンのソハールから出航し中国の広州まで「シンドバッドの航海」と銘打った実験航海を行ってからのことである。

インド洋に面したオマーンは、中東の国の中ではめずらしく海外に領土を獲得し海洋国家として発展した歴史を持つ国であり、多くの船乗りが活躍した。シンドバッドの国との紹介は的を射ていよう。

オマーンはアラビア半島の東に位置しインド洋に面している。古来、インド洋のモンスーン風（季節風）を利用して、帆船を使ってインドやペルシャ湾岸地域、紅海岸やアフリカ東部沿岸部地方と通商活動を行ってきたことでも知られている。そのオマーンは、ヤアーリバ朝時代の17世紀半ば以降、アフリカ東部

マスカトの旧王室とポルトガルの要塞　［筆者撮影］

沿岸地域などで支配地を獲得し、海洋国家として大きく発展した。
マスカトを中心としたオマーンの海岸部は16世紀初め以降、ポルトガルの支配下に置かれていた。オマーンでは1624年に内陸部でヤアーリバ朝が始まった。ヤアーリバ朝はイバード派の指導者であったイマームが統治した王朝であった。海岸部に進出したヤアーリバ朝は、1650年にポルトガルを破りマスカトをポルトガルの手から奪回した。首都は内陸部にあったが、以後、マスカトを拠点に通商などの海洋活動に乗り出した。
ヤアーリバ朝時代の海洋活動は、そして、その後のブー・サイード朝期の海洋活動も、それまでのオマーンの海洋活動と比べて三つの特徴を持っていた。ポルトガル以前のオマーンの通商活動は中・小型の帆船を用いて行われていた。第一は、大型帆船を使用するようになったことである。それらの中・小型の帆船はそれぞれの型ごとにアラビア語の名前を持っていたが、後の時代には、イギリス人たちがダウ船と呼んでいたのを取り入れて、一般的にダウ船と呼ばれることが多くなる。ヤアーリバ朝期の海洋活動の特徴は、そのダウ船（中・小型の帆船）ではなく、大型の帆船を主力として用いたことであった。

大型帆船は、当初はポルトガルが使用していたものである。バスコ・ダ・ガマがインド洋に来た時の旗艦サン・ガブリエル号はたったの120トンの大きさしかなかったように、ポルトガルは、インド洋に登場した当初は100トン前後の帆船を使用していた。ポルトガルは、造船技術が進んだことを受けて1558年以降は、数多くの大砲を搭載した1000トンを超える巨大な大型帆船をインド洋に就航させるようになっていた。ヤアーリバ朝は、ポルトガルの手からマスカトを奪回した時に、マスカトに停泊していた何隻かのポルトガルの大型帆船を戦利品として取得した。ヤアーリバ朝の統治者たちはその船を用い、加えてインドからも新規に大型帆船を購入し、艦隊を編成して海洋活動に乗り出したのであった。

第二の特徴は、マスカトを拠点にして海洋活動が行われるようになったことである。数百トン、あるいはそれ以上の大きさの大型帆船は、ある程度の水深のある港でなければ停泊することができない。また、停泊中の強風にも弱い。オマーンでは砂浜の海岸が続いているが、マスカトは例外的に、3方を岩山に囲まれ強風から守られ、さらに、ある程度の水深のある天然の良港であった。そのマスカトが海洋活動の基地となったのであった。

第三は、ヤアーリバ朝の統治者であったイマームが大型帆船から成る艦隊を配下に持ち、イマームを中心として海洋活動が展開されたことであった。たとえば、史料によれば、ヤアーリバ朝の統治者サイフ一世（在位：1692頃〜1711年）は24隻ないしは28隻の船を保有しその内の5隻は大きな船で、80門の大砲を備えた船もあったとされる。また、1715年の史料では、イマームの海軍力は、74門の大砲を持つ船が1隻、60門の大砲を持つ船が2隻、50門の大砲を持つ船が1隻、12門から32門

の大砲をそれぞれ持つ船18隻から成り、さらに、その他に4から8門の大砲を持つ小型船が何隻かあるとされている。イマームの艦隊以外にも商人たちが保有したダウ船も通商活動に参加していた。イマーム自身が配下の大型の帆船から成る艦隊を使い海洋活動を展開し、インド洋に飛躍することとなった。イマームの艦隊は武装していたが、平時には商船として用いられていた。イマームは艦隊を用いて通商活動を始めるとともに、同時に、アラビア近海では商船から通行税を取るなど、船舶への支配を強めていた。このため、ヤアーリバ朝の艦隊は、インド洋での通商権益を守ろうとしたポルトガルと各地で衝突することになった。インド洋ではイギリス東インド会社などの活動が強まっていたが、インドからアラビア半島、そして東アフリカにかけての海域ではポルトガルがまだ強い勢力を持っていたからである。

ポルトガルは中継貿易を行っており、その維持のために海洋での支配権を守ろうとしていた。オマーンも同じように中継貿易を行い、海洋支配を強めようとしていた。現代的な表現を用いるならば、同じようなビジネスモデルを展開していたわけであるが、両者が衝突するのは必然であったのである。こうして、ポルトガルとヤアーリバ朝との間では長期間にわたり厳しい対立が続くこととなった。

ヤアーリバ朝がマスカトを奪回した2年後の1652年に、オマーンは、はやくもザンジバル島（現タンザニア）のポルトガルの居留地を攻撃している。1655年にはポルトガルの拠点であったインドのボンベイを攻撃し、同じ年に、ポルトガルの東アフリカでの拠点であったモンバサ（現ケニヤ）を攻撃し、一時占領している。1670年には、同じくポルトガルの拠点であったインドのディウを攻撃している。

その他にも、ヤアーリバ朝とポルトガルはインド周辺などで繰り返し衝突していた。争いが続く中で、ヤアーリバ朝はインドでは支配地を獲得することはなかったが、もともとアラブ系住民も住んでいたアフリカ東部沿岸部では支配地を獲得するようになった。

ヤアーリバ朝は1696年に再びモンバサを攻撃し、ポルトガルの要塞フォート・ジーザスを2年と9カ月間包囲した後、モンバサを征服することに成功している。その頃から、モザンビーク以北の東アフリカ地域ではオマーンの勢力が強まり、ザンジバル島もヤアーリバ朝の支配下に置かれることとなった。

インド洋には、ポルトガルに遅れて、イギリスやオランダが、そしてフランスもやってきて通商活動を行うようになった。ヤアーリバ朝の艦船はイギリスの艦船と偶発的に衝突したことはあったが、例外を除けば、ポルトガル以外の国とは軍事的に対立することはなかった。しかし、ヤアーリバ朝とポルトガルとの抗争は、ポルトガルがオマーン周辺海域から勢力を失う1739年頃まで続いたのであった。

ポルトガルとの抗争を経て、ヤアーリバ朝は、18世紀の初頭までにはインド洋西部海域での貿易において優勢な立場を確立することとなった。ザンジバル島など東アフリカでの支配権を確立したことは、次のブー・サイード朝時代の19世紀前半のザンジバル島を拠点とした東アフリカ経営につながっていく。

（福田安志）

18

オマーンの英雄

★アフマド・ブン・サイード★

アフマド・ブン・サイードは、18世紀の半ばに今日のカーブース国王につながるブー・サイード朝を開き、その治世にオマーンは帆船通商活動の最盛期を迎え繁栄した。

ヤアーリバ朝では、1719年のイマーム・スルターン2世の死去に伴い後継者争いが起こり、部族勢力を巻き込んで内戦状態になり長期間にわたり混乱が続くこととなった。国内の混乱の中で、劣勢に立たされたヤアーリバ家のイマーム・サイフ2世がペルシャのナーディル・シャーに助けを求め、それをきっかけにオマーンはペルシャ軍による侵略をうけることとなった。そうした中で、当時、ソハールの知事をしていたブー・サイード族出身のアフマド・ブン・サイードはペルシャ軍の包囲からソハールを守り、ソハールからペルシャ軍を退却させることに成功した。

その後に、アフマドは失地回復に努め、マスカトなどに残っていたペルシャ軍に対し融和の姿勢を見せた上で一掃している。その時の模様を、19世紀半ばにオマーンのイマーム伝を書いたイブン・ルザイクは次のように伝えている。アフマドは、マスカトの北のバルカーに、マスカトにいたペルシャ軍の将兵を招

待しテントを張り御馳走を提供して饗応した。そのうちの将校たち50人をバルカーの城の中の宴会に招き入れ、しばらくした後に合図で一斉にペルシャ軍に襲いかかり、城の中にいた将校たちを皆殺しにした。アフマドはなかなかの策略家であったことが見て取れよう。

ペルシャ軍からオマーンを守りペルシャ軍の一掃に成功したことで、アフマド・ブン・サイードの名声は高まり英雄となった。そして、彼は１７４９年にイマームに選ばれブー・サイード朝が発足したのであった。

イマームとなったアフマド・ブン・サイードは統治の拠点を内陸部のルスタークに定め、内政の安定化に努めた。ヤアーリバ朝の内戦の影響で国内の部族勢力の活動が強まっており、なによりも国内対策が重要であったからである。

アフマド・ブン・サイードは、同時に、マスカトを拠点にして海洋活動に乗り出し、ヤアーリバ朝の内戦で衰退していたオマーンの海洋活動を建て直し、飛躍的に発展させることに成功した。

オマーンの通商活動は中継貿易が中心であった。オマーンからはデーツやフカヒレなどの産物の輸出があり、インドなどからは衣料品・穀物をはじめとした生活必需品などの輸入もおこなわれていたが、通商活動の主軸はインド、ペルシャ湾岸、紅海岸、東アフリカを結び一方から他方へと商品を運ぶ中継貿易であった。

アフマド・ブン・サイードの時代のオマーンでは、とりわけ、ペルシャ湾岸地域を相手とする中継貿易が盛んになっていった。ヤアーリバ朝の時代にはオマーンはザンジバルやモンバサを中心にしてアフリカ東部沿岸地域を支配下に置き、東アフリカとの通商も盛んであった。しかし、ヤアーリバ

朝末期の混乱の中で、ザンジバルはブー・サイード朝の支配下にとどまったものの、モンバサはマズルーイー家の下でオマーンの支配から離れるなど、オマーンと東アフリカ地域との通商は弱まっていた。代わって、ペルシャ湾岸地域が有力な通商の相手先となったのである。

マスカトはペルシャ湾の出入り口のホルムズ海峡を扼する交通の要衝に位置しており、ペルシャ湾岸地域との中継貿易を進める上で有利な位置にあった。１７７５年には、アフマドは34隻の軍艦を保有し、その内４隻は44門の大砲を持ち、５隻は18門から22門の大砲を持ち、その他の船も８門から14門の大砲を搭載していたとされるように、イマーム・アフマドは多数の帆船を保有するようになっていく。それらの船は平時には商船として用いられ、同時に、周辺を通航するアラブやインド船などににらみを利かせ、ペルシャ湾貿易を支配する上で重要な役割を果たし、オマーンに多くの利益をもたらしたのであった。

インド洋から地中海にかけての地域では紅海を経由する通商ルートとペルシャ湾を経由する通商ルートが存在していた。しかし、18世紀の後半にはエジプトで内政混乱が続き紅海を経由する通商ルートが機能しなくなり、代わって、ペルシャ湾経由の通商ルートが多用されるようになっていた。ペルシャ湾岸地域ではイギリスなどの通商活動はまだ強まっておらず、イランでは王朝の交代期にあたり、オマーンはその機会を利用してペルシャ湾岸地域での活動を強めることができたのであった。

１７７５年にペルシャ軍がイラクのバスラを攻撃した時にアフマドはバスラの救援のために艦隊を派遣したように、イマーム・アフマドの治世には、ペルシャ湾岸ではオマーンの影響力が強まっていった。通商活動においてはイマーム・アフマドが中心的役割を担っていたが、スールの商船がイエ

メンからコーヒーをペルシャ湾岸地域に運ぶなど、この時期には、イマーム以外の商人や船主も活発な通商活動を行っていた。

こうして、オマーンはペルシャ湾岸を中心にして、インドや紅海岸、さらには東アフリカ沿岸を結んだ通商の多くを握るようになったのである。18世紀の末にかけて、ペルシャ湾岸の諸港で取引される商品の金額にして8分の5がマスカトを経由したとされるように、オマーンの通商活動は最盛期を迎えることとなったのである。この中継貿易によってオマーンは経済的にも繁栄したのであった。

中継貿易では内陸部との取引が弱かったこともあり、ブー・サイード朝は、中継貿易やその拠点となったマスカトを重視する姿勢を強めていく。通商活動から得た富は奴隷兵などの拡充を可能にし、部族兵への依存を減らしていき、内陸部社会との結びつきや権力構造をも大きく変えていくこととなる。1880年代には、ブー・サイード朝は首都をマスカトに移し、その統治者はイマームの称号を得ることなく、世俗的なサイイド（後にはスルターンと呼ばれるようになる）としてオマーンを統治するようになったのである。

（福田安志）

19

オマーン海洋帝国とイギリス

★マスカトに接近するイギリス東インド会社★

アフマド・ブン・サイードによって創始されたブー・サイード朝は、18世紀末から19世紀前半にかけて黄金時代を迎える。アフマドを継いでイマームに就任したサイード・ブン・アフマドは、1820年頃まで内陸部で暮らしていたと考えられているが、実際には政治的な権力はほとんど持っていなかったようだ。これに対して、サイード・ブン・アフマドの兄弟の一人、スルターン・ブン・アフマドは、内陸部の部族集団を取りまとめるというイマームの役目を負うことなく、代わりに海岸部に進出してマスカトを拠点に海上貿易や周辺の海上交易拠点の攻略に専念した。イマームではなかった彼は「サイイド」という称号で呼ばれ、この称号は彼の息子にも用いられた。スルターンとその息子であるサイード・ブン・スルターンの時代、マスカトの支配者はヤアーリバ朝の時代にオマーンが保有していた領土を回復した。特にサイード・ブン・スルターン（「サイイド」の称号で呼ばれたため、サイイド・サイードとも呼ばれる）は海洋帝国を現出させた人物として有名で、その治世も長く（1806～56年）、オマーン史で最もよく知られた人物の一人である。

ヨーロッパ勢力がオマーンに注目するようになるのも、ちょ

うど18世紀末から19世紀初頭のことであった。ポルトガルがオマーンから撤退した後も、個人としてペルシャ湾岸地域を訪問するヨーロッパ人はあったが、組織的にオマーンと直接接触しようとするヨーロッパ勢力は稀だった。後にこの地域を支配することになるイギリスは、東インド会社（英印会社）がポルトガルからソハールを解放したばかりのヤアーリバ朝オマーンと通商条約を締結したものの、この関係は継続されなかった。17世紀半ば以降、ヨーロッパ勢力とオマーンの政治的関係はおよそ1世紀の空白期間となる。

18世紀末になってイギリスの目を再びオマーンに向けさせたのは、誰あろうフランスのナポレオンであった。1798年にエジプトに侵攻したナポレオンは、エジプトを攻略した後には東進してメソポタミアに進み、そこからペルシャ湾を下ってインドに到達するという壮大な計画を持っていた。18世紀を通じてイギリスとフランスはインドにおける植民地獲得競争を繰り広げており、この頃までに概ねイギリスの勝利が確定していたが、ナポレオンがインドに到達すれば、インドにおけるイギリスの権益が大きく損なわれることは明らかだった。

ナポレオンがエジプトに上陸したとの一報を受け取った英印会社は、イギリスとインドの間の交通路を確保するために、急遽マスカトをイギリスの味方に引き入れる決断を下した。当時、インドとイギリスとの連絡路は二つ存在した。一つはペルシャ湾を経由し、バスラから陸路を横断して地中海に抜けるルートで、もう一つはケープ岬を経由してアフリカ大陸に沿って大西洋を北上するルートだった。前者の方が大幅に時間が短かったため、ペルシャ湾の入り口に位置するオマーンは、イギリスとインドをつなぐ交通の要衝であった。しかし、イギリスは長らくオマーンとの関係を重要視していな

かった。なぜなら、オマーンに接近するヨーロッパ勢力がいなかったためである。

もしもエジプトに上陸したナポレオン軍が東進し、ペルシャ湾に到達すれば、かならずマスカトに目をつけるはずだ。当時の湾岸地域で最大の軍事力を保有していたマスカトとフランスが同盟関係を築けば、イギリスの植民地経営は喉元に刃物を突きつけられるに等しい。英印会社はすぐにマスカトと友好関係を築くべく使者を派遣し、1798年にマスカトの支配者はイギリス以外の勢力と友好関係を締結しないという排他的な友好条約を締結した。結果的にエジプト遠征が失敗に終わったナポレオンは引き返し、ひとまずイギリスにとっての危機は去った。それでも英印会社はマスカトの支配者を完全には信頼せず、1800年に会社の職員をマスカトに常駐させる条約を締結し、この職員をスパイとして活用し、マスカトの動静を探ることにした。

マスカトに置かれた英印会社の商館は、当初レジデンシーと呼ばれ、そこに駐在するイギリス人はレジデントと呼ばれた（後に湾岸各地に置かれた同種の組織が整備される中で、マスカトの組織はエージェンシー、そこに勤務するイギリス人はエージェントと呼ばれるようになる）。レジデントによるマスカトでの情報収集は困難を極めた。というのも、1800年から1810年にかけて、5名のイギリス人がマスカトに派遣されたが、彼らにはマスカトの気候が合わなかったようで、多くは数カ月から半年程度で死んでしまった。こうした事情からマスカトのレジデントにはなり手がおらず、また当時すでにフランスの脅威も去っていたため、1810年にマスカトのレジデンシーは一旦閉鎖される。サイイド・サイードがザンジバルに遷都したことで（第20章参照）、マスカトのレジデンシーは長らく放置された。しかしサイイド・サイードが1856年に没してその後継者をめぐる争いが発生すると再度マスカト

の重要性が高まったため、マスカトの組織は英領インド政府の下部組織であるエージェンシーとして再出発することとなる。

当時のマスカトの為政者たちは、記録を残さなかった。このため、彼らがイギリスとの関係をどのように考えていたのは、明らかにならない。英印会社の資料には、サイイド・サイードがマスカトにレジデンシー用の建物を提供しただけでなく、バルカーにレジデント用の別邸も提供したと記されている。こうした記録から、サイイド・サイードはイギリスとの関係を重要視し、少なくとも表面的にはイギリスを歓迎していた様子がうかがえる。一方のイギリスは、少なくとも19世紀前半までは、明らかにオマーン情勢に翻弄されていた。ナポレオンの登場で慌ててマスカトにレジデンシーを開設してはみたものの、そこに人員を配置すればその大半は死んでしまった。それだけ苦労して作り上げようとしたマスカトの拠点も、サイイド・サイードがザンジバルに遷都してしまったことで、無に帰してしまった。しかし、19世紀後半になってマスカトにイギリス人官僚が帰還した時には、オマーンとイギリスの力関係は大きく変わっていた。イギリスはオマーン情勢に介入するのに十分な力をつけていたが、一方のオマーンは衰退の一途をたどることになる。

（松尾昌樹）

20

東アフリカへの遷都

★知られざる「オマーン帝国」★

東アフリカのタンザニア沖に浮かぶ30あまりの島々ザンジバル。そのうちの一つウングジャ島を帝都に、オマーンが現在のパキスタンからアラビア半島、さらには東アフリカ沿岸部にかけて広範な領土を有する帝国を築いていたことを知る人はそう多くない。現代のオマーンではそこかしこにアフリカの影響を目にすることができるが、このアフリカとの関係性こそ、他のアラブ諸国にはないオマーン独自の歴史に基づいたものである。

オマーンの人びとは、何世紀ものあいだモンスーンを利用し、木造帆船ダウに乗って商業活動を営むなど、「海の民」としてインド洋海域と深くかかわってきた。一方、東アフリカでは、8～10世紀にザンジバルや沿岸部の港町に往来するようになったペルシャ系、アラブ系の商人と、すでに当地に定住していたアフリカ系の人びととの交易の過程でイスラーム化が進行した。それと同時に、長い歴史のなかで住民間の通婚も進み、アフリカのバントゥー系言語を基盤にアラビア語などを多分に含んだスワヒリ語が生まれた。このように、スワヒリ語を話し、イスラームを信奉する人びとは、ザンジバルだけではなく東アフリカ沿岸部一帯で「スワヒリ」と呼ばれ、沿岸部では彼らによる

20世紀初頭のザンジバルにおけるオマーン移民
［ザンジバル国立古文書館所蔵］

諸都市が発達する。オマーンの支配下に入る前のザンジバルは島ごとに自律的な社会を形成していたが、15世紀末からポルトガルの支配を受けるようになった。

他方、17世紀半ば、ポルトガルに占領されていた海岸の町マスカト（現首都）を奪回したオマーンの君主たちは、その勢いに乗ってザンジバルからもポルトガル勢力を駆逐、その後の50年間に東アフリカ沿岸部全体を掌握していく（第17章参照）。そしてついにブー・サイード朝の君主サイードは、1832年に帝都をザンジバルに移す。しかも君主みずからがザンジバルに移住し、そこから統治するという「変則的な」体制を取った。のみならず、丁字（クローブ）や奴隷交易で繁栄していたザンジバルが本国オマーンの経済を支えてもいたのだった。

以降、部族間抗争や干ばつにあえぐオマーンからさらに多くの人がザンジバルに渡るようになった。ザンジバルにおけるオマーン移民の数は、1770年代で300人、1819年で1000人、その後急増して1840年代には5000人になった。当時ザンジバルの人口は20万程度だったというから、割合的には小さくない。こうしてオマーンによる領土拡大の過程でザンジバルに移住したオマーン人は、現地の政治中枢に組みこまれたり、プランテーション経済に深く関与したりするなど、エリート住民として生活していた。これに対して、比較的のちになって（19世紀末以降）移住してきたオマーン人は、商人や農民として細々と生計を立てていた。古参と

新参のオマーン移民のあいだには明確な政治・経済的格差が存在し、前者は「アラブ」、後者は「マンガ」というように、ザンジバル社会では異なる名称で呼ばれていたのだった。

オマーン移民の多くは、何世代にもわたるアフリカ生活において土着化した。現地のスワヒリ女性と通婚した結果、多くが混血となったし、日常的にはスワヒリ語を話すようになった。それでもアラビア語を忘れないよう、エリート・オマーン人のなかにはオマーンやエジプトに留学した者も少なくなかった。服装面でも、滞在が長期化するにつれて、オマーンの伝統衣装ではなく洋服を好んだり、女性に限っていえば、髪や肌の露出も多くなったりするなど、ある程度の西洋化もみられた。

木造帆船ダウ
［ザンジバル国立古文書館所蔵］

サイードの時代、オマーンの領土は最大になり、東アフリカでは現在のソマリア南部からケニアを経てタンザニア南部に至る沿岸部一帯にまで及んだ。これにともない、オマーン移民はアフリカ内陸部へも進出し、19世紀半ばにはその移動範囲は中央アフリカにまで至った。ところが、1856年のサイードの死後、オマーン本土も含めた後継者問題が原因で、イギリス指導のもと1861年にオマーンとザンジバルは正式に分断する。その後、イギリスからの圧力で奴隷貿易が禁止になり、経済的に弱体化したザンジバルは1890年にイギリスの保護領となった。イギリス当局は、ザンジバル住民を「アラブ人」「アフリカ人」「インド人」に分け、物資配給や議会への代表権においても差別化した結果、当事者間、とくに「アラブ人」と「アフリカ人」のあいだにしだいに対立意識が芽生えていく。そして1963年12月、73年間の間接統治の時代に幕を引き、ザンジバルはイ

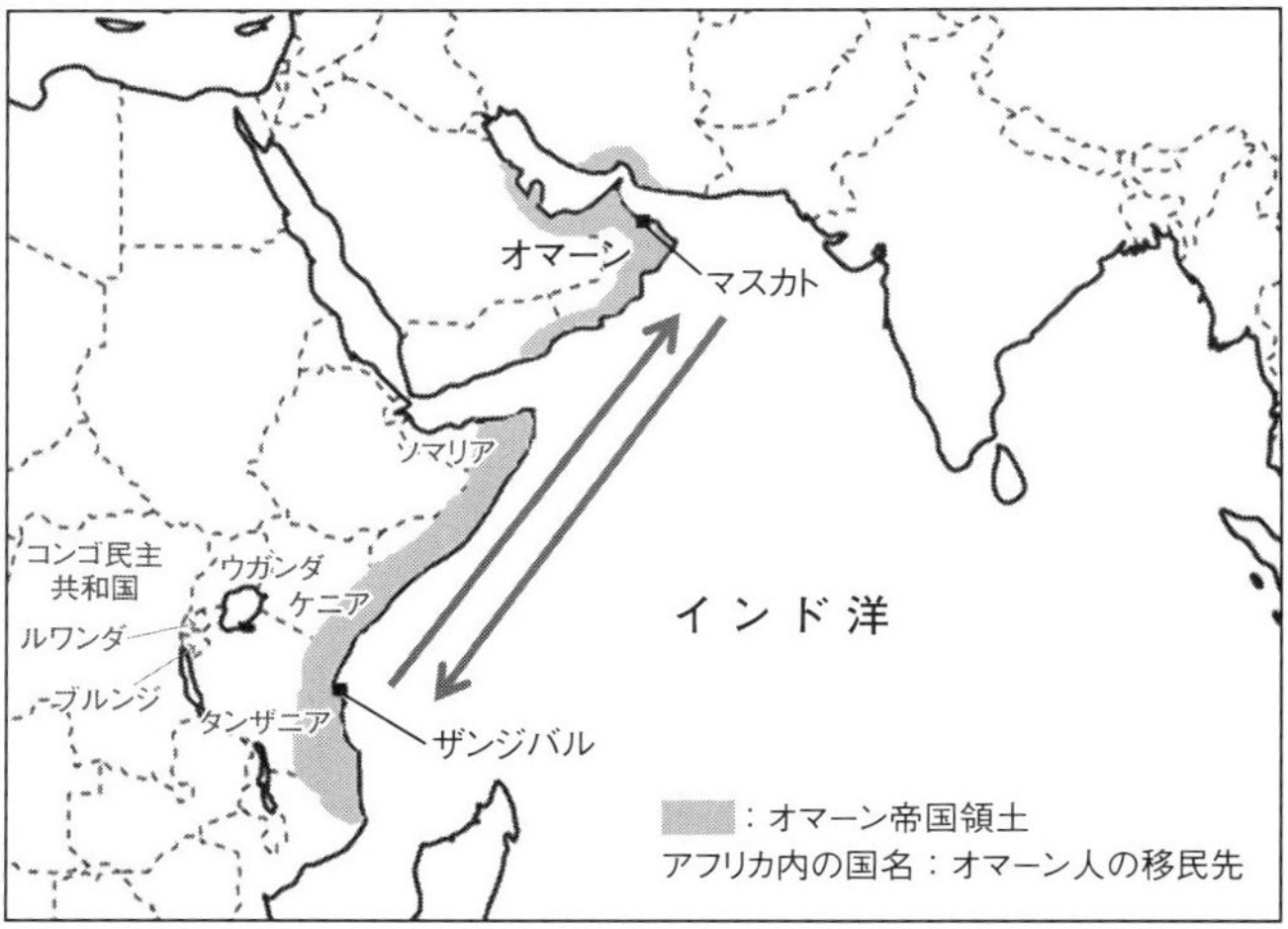

1830年代オマーン帝国最大版図　　［筆者作成］

ギリスから独立を果たしたのだった。

ところが、オマーン人の主導で成し遂げた独立のわずか1カ月後の1964年1月、今度はアフリカ系住民による革命が起こった。オマーン人中心の政府は転覆され、1万人以上のオマーン人が殺害された。ザンジバルにおけるオマーン人のプレゼンスはここで終止符を打つ。この革命でオマーン人の大半がザンジバルを去ったが、当時のオマーンは在外オマーン人の帰国を認めていなかったため、ザンジバルを出たオマーン人は国外での不安定な生活を余儀なくされた。彼らがオマーンに引き揚げてくるのは、カーブースが即位した1970年以降のことである（第46章参照）。

君主サイードの時代のオマーンの領土はのちに「オマーン帝国」と呼ばれ、現代オマーンでは学校教科書や政府刊行物のなかで、過去の栄光として称賛されている。2000年代に入る頃から、オマーン人著者によるオマーンの東アフリカ統治をめぐる歴史書が出版されるようにもなった。さらには、オマーンからの寄付によって東アフリカ各地にモスクを建設したり、ザンジバルからの宗教留学生を受け入れたりするなど、政府および民間双方のレベルで、オマーンと東アフリカのあいだには現在も強固なネットワークが存在している。

（大川真由子）

21

斜陽の帝国

——★ファイサル、タイムール、サイードの時代★——

華々しい繁栄と領土の拡大を達成したサイイド・サイードが1856年に没すると、オマーンは急速に衰退することになる。彼の領土がマスカトを支配するスワイニーとザンジバルを支配するマージドという二人の息子の間で分割されることになると（第23章参照）、経済的に繁栄していたザンジバルを失ったマスカトは財政難に陥り、統治に必要な軍隊を維持することが困難となった。スワイニーは支配一族であるブー・サイード族内での対立や内陸部の部族勢力を抑えることができず、その統治は非常に不安定なものとなった。

そもそも、「海洋帝国」を建設したサイイド・サイードにしても、オマーンでの統治は決して盤石ではなく、度重なる反乱に悩まされていた。支配一族であるブー・サイード族は他の部族よりも政治的に優越していたものの、一族内での対立は珍しいことではなく、サイイド・サイードの死後にこの対立はいっそう激しくなった。例えば、スワイニーはイギリスの介入によって1861年にマスカトの支配者としての地位を固めたが、その5年後の1866年に息子のサーリムによって暗殺され、その地位を奪われた。その2年後の1868年にはサーリ

ムはブー・サイード族の傍系でイマームに推挙されたアッザーンによってマスカトから追い出された。さらに1871年にはサイイド・サイードの息子の一人であるトゥルキーがアッザーンからマスカトを奪取した。トゥルキーの時代になってようやくマスカトの支配者の地位は安定し、彼が没した際には息子のファイサルにスルタンの地位が継承された。ザンジバルとマスカトが分離されて以降、マスカトの支配者の地位が父子相続で継承されたのはファイサルが初めてのことであり、現在のカーブースまで続く王位の父子相続が始まったのはこの時である。

トゥルキーに続く、ファイサル、タイムール、サイード（サイイド・サイードと区別するため、これ以降スルタン・サイードと記述する）の3代、19世紀末から20世紀後半を通じて、ブー・サイード朝は財政の悪化と国内諸勢力の反乱に直面し、これらに有効に対処できないままに次第にイギリスへの依存を強めた。イギリスの傀儡という立場を押し付けられたブー・サイード朝の支配者達は、次第に政治への関心を失っていった。

ファイサルがスルタン位を継承したのは1888年のことである。彼はほとんど教育を受けたことがなく、アラビア語を読めなかったが、口語アラビア語を解し、同時にグジャラート語も解したとされる。スルタン就任当初、彼はまだ内陸部の部族勢力と比較的友好な関係を維持していたが、彼が次第にイギリスと緊密な関係を築くと内陸部の部族は離れてゆき、最終的には逆にマスカトを攻撃するまでに至った。この時、ファイサルは打つ手がないままにジャラーリー要塞に逃げ込むしかなかった。イギリスの助けが得られなかったため、ファイサルはフランスとの関係を強化して支援を得ようとした。しかしフランスとの関係を問題視したイギリスが圧力をかけたことでファイサルはこの外交政策

を撤回せざるを得なくなった。イギリスの介入を嫌い、内政への関心を喪失したファイサルは190３年にイギリスに自ら退位を申し出るが、これは受け入れられなかった。1913年に内陸部の諸部族を糾合したイマーム軍がマスカトに進軍してきた際（第22章参照）にファイサルはこの世を去ったが、一説によれば、彼の死はイギリスに政治手段を奪われた中でイマーム軍接近の報を受けたことが引き起こした心労が原因だったとも言われる。

ファイサルの息子タイムールは、イマーム軍が海岸部に迫っていた1913年にスルタンに就任した。タイムールにはイマーム軍に対抗する術がなかったが、英領インド軍の介入によってようやくマスカトを防衛することができた。その後もマスカト占領の機をうかがうイマーム軍に悩まされながら、イギリスの仲介でイマームとの間で相互の自治権と内政不干渉を認める「スィーブ条約」を締結した。彼はマスカトのスルタンになると同時に、イギリスの支援なしに自国を防衛することが不可能なことを身をもって知ったのである。

タイムールは、父ファイサルの存命中から後継者と目されており、イギリスの計らいでインドのメイヨー・カレッジで学んだ。ここは「インドのイートン校」と呼ばれ、英領インド政府を支える官僚を輩出するための学校だった。タイムールには政治エリートとしての知識と教養を備えた君主になることが期待されていたが、イギリスの期待は彼の治世のごく初期から砕かれることになる。メイヨー・カレッジで幅広い国際的な知識を得たタイムールは、イギリスの傀儡という地位に何の魅力も見出さず、スルタン就任から7年後の1920年にはインド総督に対して自ら退位を申し出ている。この申し出は拒否されたが、タイムールは「マスカトのスルタン」としての役割を事実上放棄し、

1年のうち3カ月をマスカトで過ごすのみで、残りの期間は代理人に政治を任せ、自分はインドやドファールで生活するようになる。息子が18歳になると政治の実権を委ねてインドから戻らなくなり、1932年に遂に念願叶ったタイムールは退位して世界周遊に出てしまう。

タイムールを継いだスルタン・サイードは、祖父や父とは異なり、易々と退位の道を選ぶことはなかった。彼は父と同様にメイヨー・カレッジに進み、さらにはバグダードでも学んだ。広い視野を備え、スルタン就任以前から父に代わって閣議を主催していたスルタン・サイードは、イギリスの影響を排して自立するために必要なことが何かよく理解していた。彼はイギリスから提供された種々の補助金を内陸部の諸部族に配分して味方につけ、内陸部を支配するイマームの弱体化を図った。この政策は功を奏し、第二次大戦が終了する頃までに、彼の権威は内陸部に浸透していた。また徹底的な歳出削減を実施して財政の立て直しに成功したことで、イギリスへの財政的な依存（第23章参照）を断ち切る目処が立った（この時代のオマーンが極端な低開発状況にあったのは、彼の過度な歳出削減政策が一因とも言われる）。内政の安定と財政の健全化を通じて、イギリスへの依存から脱却し、政治の実権を回復するかに見えたスルタン・サイードではあったが、不運なことに、1950年代になると「オマーン問題」とドファールの内乱（第24章参照）という二つの紛争に立て続けに見舞われることになる。

戦費調達のためにイギリスの支援を要請せざるをえなくなり、再びイギリスの傀儡に転落することが分かると、遂に彼もまた政治への関心を喪失し、マスカトを離れてイギリスの影響が及ばないサラーラの離宮に閉じこもってしまう。オマーンがイギリスの保護国を脱して独立するには、独自財源たる石油と新しい君主であるカーブースの登場を待たなければならなかった。

（松尾昌樹）

22

イマーム国の台頭

★分裂するオマーン★

ブー・サイード朝の統治が弱体化した理由の一つは、イバード派イマームとの衝突にある。歴史的に、オマーンにはイマームによる統治とイマームではない人物による統治の二種類があり、この二つは対立することがあった。創始者アフマドがイマームに選出されたことからわかるように、ブー・サイード朝はイマーム統治の流れを汲んでいるが、18世紀末にスルターン・ブン・アフマドとサイイド・サイードの親子がイマーム位を保持せずにマスカトを拠点として統治を行うようになってから、イマームの権威を保持しなくなった。しかしイマーム統治の伝統が絶えたわけではなく、20世紀に入るとサーリム・ビン・ラーシド（在位：1913～20年）、ムハンマド・ビン・アブドゥッラー（在位：1920～54年）、ガーリブ・ビン・アリー（在位：1954～57年）の3名のイマームが継続的に選出され、マスカトのスルタンに挑戦した。

復活したイマームの統治は、内陸部を支配地域とした。これに対してマスカトのスルタンが海岸部を支配地域としたことから、両者はオマーンを二分するようになった。この頃から、イギリスはスルタンの支配領域を Sultanate of Muscat（マス

カト・スルタン国）あるいはSultanate of Muscat & Oman（マスカト・オマーン・スルタン国）と呼んだ。一方で、イマームとその支持者達はイマームの支配領域をImamate of Oman（オマーン・イマーム国）と呼んだ。本書では、特に20世紀以降のマスカトのスルタンが支配する領域をスルタン国、イマームの支配する領域をイマーム国と呼ぶことにしよう。

「スルタン国」や「イマーム国」というと、軍隊や官僚といった近代的な統治制度を備えた国家のイメージがあるが、現実はそれとは大きく異なる。両方とも、国民を一元的に管理する制度を持たない、部族を基盤にした緩やかな統治に特徴があった。海岸部に居住する外国人や南部に居住するアラブ以外の民族集団を除き、大半の住民は部族に所属し、各部族は部族長を指導者とする自治的な生活を営んでいた。有力部族はいくつかの部族をその影響下におき、しばしば大きな連合体を形成していたが、スルタンはそうした有力部族に金銭を提供して味方につけることで、内陸部に間接的に影響力を行使していた。これに対してイマームは、ヤアーリバ朝のように事実上の世襲によってイマーム位が継承されることもあったが、一般には有力部族長や有力ウラマー（イスラーム法学者）が出席する会議で合意の上に選出されるため、部族間のパワーバランスを成立させる機能を持っていた。オマーンのように200の部族が複雑に協力・敵対関係を形成してきた地域で（第28章）、部族間の調整を行う、あるいは大きな連合を形成して敵に立ち向かう場合には、部族よりも上位の権威として具現化されたイマームは都合が良かった。

では、なぜイマーム国はスルタン国と対立したのだろうか。イマームの統治が復活した20世紀初頭にイギリスが奴隷貿易や武器取引を禁じたことで、それらに従事していた多くの部族は経済的に困窮

し、イギリスとの関係を強化するマスカトのスルタンに敵意を抱くようになった。また、イギリスの介入を内陸部に対するイギリスの支配として批判的に受け止めてもいた。こうした部族がイマームの権威のもとに連合を形成してスルタンとイギリスのオマーン支配に挑戦したもの、それが20世紀のイマーム国だったと言えるだろう。特にこの時のイマーム国は、オマーンの大半の部族集団を包摂するヒナーイーとガーフィリーという二大部族連合に支えられていたため、稀に見る大きな動員力を得た。スルタン国にとってイマーム国は非常に大きな脅威となったのである。

さらには、20世紀初頭に広くイスラーム世界で発生したナフダ（覚醒）の動きも影響している。様々な形でヨーロッパの影響が浸透してくる中で、イスラーム世界ではイスラームの価値が再発見され、イスラームに基づく社会建設、国家建設の機運が高まっていた。オマーンにおけるイマーム制復活の動きもまた、こうしたナフダの表れであった。イマーム国を支持したウラマーは、スルタン国を支えるイギリスを「イスラームで禁止されていない奴隷制を禁止し、イスラームで禁じられているワインを販売する」として批判したが、当時こうした批判は強い訴求力を持った。

これに対してスルタンは、19世紀末から続く慢性的な財政難によって、イマーム軍に対抗できる軍事力を準備できず、また有力部族に配分する資金もないために部族連合を切り崩すことができなかった。さらには、イギリスの保護なしにはマスカトを防衛することもままならなかったため、イギリスとの関係を絶つこともできなかった。

こうした状況の中、20世紀初頭に内陸部の部族連合に推挙されたイマーム・サーリムは、マスカトのスルタン・ファイサルに対して進軍を開始したが、英領インド軍の攻撃に阻まれ、攻撃は一時中断

された。1920年に離反した一部の部族勢力がイマーム・サーリムを暗殺すると、新たに選出されたイマーム・ムハンマドは穏健な方針を採用し、マスカトと和平締結を図った。ここにイギリスの仲介によってスィーブ条約が締結され、イマームとスルタンの間で自治権と内政不干渉が確認された。この条約によってスルタンはイマームとの軍事衝突を避けられたが、内陸部への影響力を喪失することにもなった。

しかし1930年代になると、石油開発の開始と共に試掘権契約に伴うロイヤルティ収入を得たサイード・ビン・タイムールが、それを有力部族に配分することで徐々に内陸部への影響力を拡大するようになった。一方で病に伏せるようになったイマーム・ムハンマドの権威は衰え、オマーンのパワーバランスは次第にスルタン国へと傾いた。50年代半ばになるとスルタン国の権威がオマーン全土に及ぶかに見えたが、油田開発とナショナリズムの勃興、さらに共産主義の拡大によって、スルタン国とイマーム国の対立が再燃し、スルタン国の支配は最大の危機を迎える。この経緯については、第24章で詳しく見ることとしよう。

（松尾昌樹）

23

オマーンの保護国化

★財政を通じたイギリスの支配★

オマーンは、19世紀末からイギリスの保護国になった。イギリスは、特に第二次大戦以降、公式にはオマーンは独立国であるとの姿勢を崩さなかったが、実際には外交のみならず内政の主要な部分も牛耳っており、実質的にオマーンを支配していた。ただし、イギリスによるオマーンの保護国化は、軍事力で征服したものではない。イギリスはオマーンに補助金を支給することでオマーン財政を支配し、そこから内政に介入する足がかりを得て、最終的にイギリスの介入を承認させたのだった。

補助金政策の先駆けは1873年のザンジバル補助金である。1856年にサイイド・サイードが没した際、彼の息子でマスカトを管理していたスワイニーと、ザンジバルを管理していたマージドの間で後継者争いが発生すると、イギリスはインド洋の安全な航海を保全するという名目で介入し、1861年に当時のインド総督カニングの名前でマスカトとザンジバルを分離し、それぞれをスワイニーとマージドに継承させるという裁定(「カニング裁定」と呼ばれる)を下した。サイイド・サイードが没した当時、すでにマスカトよりもザンジバルの方が経済的に繁栄しており、領土分割によってマスカトが経済的に困窮する

ことは明白だった。このため、分割にあたってザンジバルの収入の一部をマスカトに毎年送金するという条件が確認された。しかしその後ザンジバルのマージドは、暗殺や政争を通じて移り変わるマスカトの支配者の地位（第21章）に正当性を認めず、送金を停止した。これにマスカトが反発し、再びマスカトとザンジバルの間で緊張が高まったため、英領インド政府がザンジバルの支払いを肩代わりする「ザンジバル補助金」を設置する決断を下した。英領インド政府は当初はこの補助金の継続を躊躇したが、次第にそこにマスカト内政介入の糸口を見出し、利用するようになる。

ザンジバル補助金は1970年まで継続して支払われたが、これ以外にも多様な補助金が支払われた。中でも有名なのは1911年に導入された武器取引規制補助金である。20世紀初頭にはマスカトはインドやオマーン内陸部への武器流通の拠点となっていた。当時のイギリスは武器の流通を遮断してこれら地域の反英活動や紛争の抑止を試みており、武器取引を規制させる見返りにマスカトの支配者に補助金を支給したのだった。この補助金はファイサルの治世に限定して支払われることになっていたが、マスカトの支配者が慢性的に財政難に苦しんでいたことから、ファイサルの息子のタイムールとさらにその息子のスルタン・サイードの時代にも適用され、最終的に1935年まで支払われ続けた。さらに、第二次大戦がはじまると新たに「防衛補助金」が創設され、1946年まで提供されることになる。加えて、1950年代にマスカトの支配者がオマーン内陸部のイマーム勢力との内戦に直面した際には、これに対抗するための資金として補助金が毎年支給されるようになった。

補助金以外にも、イギリスはマスカトの支配者が抱えていた大商人への個人的な借金を整理し、また財政を正常化するために、1918年に大規模な借款を提供した。こうした財政的な支援なくして

マスカト財政は成り立たないようになり、イギリスへの依存を強めて行くことになる。

そもそもオマーンでは、イギリスが介入する以前から、徴税という国家の基本機能は非常に脆弱で、1829年には既にサイイド・サイイードは徴税請負制度を導入していた。徴税請負制度とは、徴税権限とそこで集まった金銭を使用する権利を販売するもので、大商人（主にインド系）が購入者になった。この制度は、支配者には税を集めずに金銭を得ることができるという利点があるだけでなく、これを大商人に販売することで、大商人への借金返済を行うことが可能となった。マスカトの支配者は個人的な消費のために、あるいは国家運営に必要な資金を得るために、しばしば大商人から借金することがあったが、徴税請負制度はこの借金を相殺するうえで便利ではあったが、同時に徴税能力を低下させ、国庫を干上がらせることになった。

20世紀初頭にイマーム軍がマスカトに迫った際、スルタン・ファイサルが保持する軍隊ではマスカトを防衛することが困難で、また財政難から軍を増強することも不可能だったため、英印政府は1913年に英印軍をマスカトに駐留させてその防衛に当たらせた。英印政府はスルタン国軍の強化を通じて英印軍の派兵と駐留費用削減の道を模索したが、この実現にはスルタン国の財政基盤の整備が急務だった。しかし、1913年にファイサルを継いだタイムールが徴税請負制度を廃止した際、彼の管轄下にあった徴税区域はマスカトとマトラフのみで、イマームの統治下にあった内陸部の諸集落はもとより、ソハールやスールといった海岸部の集落からも税を徴収することができていなかった。

脆弱な内政を改革する目的で、イギリスはファイサルの治世末期に支配一族の主要メンバーを集めた閣議の設置を提案した。イギリスは1925年からこの閣議にイギリス人の財政アドバイザーを

派遣するようになり、この財政アドバイザーを通じて徐々に閣議を支配するようになった（ちなみに、初代財政アドバイザーはルブアルハリ砂漠を初めて横断したヨーロッパ人として有名なバートラム・トーマスである）。種々の補助金のおかげで行政機構を整備し、各地を実効支配する一族から徴税権を奪い返して財政基盤の拡大に成功したスルタン・サイードは、1940年までにインド系商人への借金返済を終了した。財政健全化の道筋を立てたサイードは財政アドバイザーの派遣を拒み、実権を回復しようと試みた。ようやく独立への道筋が得られた矢先、50年代に入ると内陸部でイマーム国との、次いで60年代に入るとドファール地方で共産主義勢力との内戦が発生し、これらの内戦への対応を通じてイギリスの支援が必要となり、オマーンは再度イギリスの影響下に置かれることになる。（松尾昌樹）

24

独立への道

★アフダル戦争とドファール戦争★

オマーンは１９５０年代にアフダル戦争と、60年代にドファール戦争を経験した。この内戦は石油開発、アラブ民族主義、共産主義というこの時代に特有の三つの要素が複雑に絡み合うことで生み出されたものだった。

オマーンにおける石油開発は、イギリス系国際石油会社であるイラク石油会社の子会社、オマーン石油開発（Petroleum Development of Oman: PDO）によって担われていた。ＰＤＯは内陸部のファフードに油田があると考えていたが、当時ファフードはイマーム国の領域内にあった。ＰＤＯは１９５４年に独自にＭＯＦＦ（Muscat Oman Field Force）と呼ばれる軍事部門を組織し、これを伴って内陸部の調査を実施するとともに、その周辺地域で影響力を持つ部族を味方につけ、そこにスルタン国の権威を確立してしまう。１９５０年代に入ると病床に伏せるイマーム・ムハンマドの影響力は低下し、１９５４年に新たにガーリブ・ビン・アリーがイマームに選出された頃には、イマーム国の勢力も弱まっていた。このため、イマーム国から離れてスルタン国との関係強化を模索する部族も多く現れていた。イギリスとスルタン・サイードは、イマーム国の弱体化と

イギリスの空爆を受けたとされるタヌーフ。廃墟のまま残されている　［筆者撮影］

ＰＤＯによる内陸部進出を内陸部に対するスルタン国の実効支配確立の好機ととらえ、共同でニズワーを占領し、イマーム国を瓦解させた。

これに対してイマーム支持派はサウジアラビアの物的支援を得てオマーン解放運動（OLM: Oman Liberation Movement）を組織し、１９５７年にスルタン軍をニズワーから追い出し、内陸部で再びイマームの支配を確立した。手痛い反撃を受けたサイード・ビン・タイムールはイギリスに支援要請を行い、これに応えたイギリスは空軍を派遣してオマーン内陸部の主要集落に空爆を実施し、イマーム国を壊滅させた。ＯＬＭはゲリラ戦を展開するが、翌１９５８年にはイギリスの特殊部隊であるＳＡＳが投入されたことでゲリラ活動もほぼ一掃され、内陸部に対するスルタン国の支配が確立した。オマーン内陸部での一連の衝突は、舞台となったアフダル山の名前にちなんで「アフダル戦争」と呼ば

れた。「アフダル戦争」はイギリスの介入によって幕を閉じたかに見えたが、1960年にサウジアラビア国連代表がイギリスによるオマーンへの軍事介入を植民地問題として国連総会に持ち込んだことで、それまでほとんど知られることのなかったオマーン情勢が「オマーン問題」として白日のもとに晒されることになる。

中東における1950〜60年代はアラブ民族主義の時代だった。1952年にはエジプト革命が発生し、イギリスの傀儡であったファールーク国王が追放されて共和国が成立した。また1957年にスエズ戦争で英仏からエジプトを防衛したナセルはアラブ民族主義の旗手となった。翌年にはイラクでも革命が発生、ハーシム家の国王は暗殺され、イラク共和国が成立した。アフダル戦争はこうしたアラブ民族主義の波が地域全体を覆う中で発生し、アラブ諸国はイギリスとスルタン国への非難を強め、イマーム国を支持した。ようやく内陸部への支配を確立したスルタン国ではあったが、その地位が国際的に承認されるには程遠い状況となり、逆に事実上崩壊したイマーム国が支持されるというねじれた状況が発生した。

60年代になってアフダル戦争が沈静化すると、今度はオマーン南部のドファール地方において、共産主義に基づく反政府武装闘争が発生した（ドファール戦争）。ドファール戦争はイマームとスルタンというオマーン史に長い伝統を持つ権威が衝突したものではなく、アラブ民族主義と共産主義という20世紀の政治思想を通じて、貧困にあえぐドファール住民の反政府闘争が具現化されたものだった。

当時のオマーンではまだ石油の商業生産が行われておらず、スルタン・サイードの進める極端な財政緊縮策のあおりを受けて経済開発政策がほとんど実施されていなかったため、経済的に貧しかっ

た。貧困はオマーン人の多くに反政府感情を産んだが、同じオマーン人であってもドファール出身者には自分達をイマーム国の「オマーン解放運動」に結びつける契機がなかった。ドファールがマスカトの影響下に入ったのは19世紀後半のことであり、歴史的、文化的、民族的にイバード派イスラームや内陸部の部族集団との関係が希薄だったためである。むしろ、ドファール人を反体制運動に組織化したのは共産主義だった。当時のアラブ諸国では共産主義とアラブ民族主義が合流して各地で「解放戦線」を形成したが、ドファールでは「ドファール解放戦線」(Dhofar Liberation Front: DLF)を生み、これはのちに諸団体との合流・分裂を経つつ、バーレーンの反政府組織と合流して「アラビア湾解放人民戦線」(Popular Front for the Liberation of Occupied Arabian Gulf: PFLOAG)に発展した。ドファール地方に隣接するイエメンで1967年に共産主義国家の南イエメン人民共和国(1970年からイエメン人民民主共和国、通称南イエメン)が成立したことで、同国を経由してPFLOAGは共産主義国、とりわけ中国からの物的支援を確保するようになり、一時はサラーラに肉薄するまでに成長した。

イギリスは1968年に「スエズ以東からの撤退宣言」を出し、1971年までに湾岸地域から撤退することを表明していたが、共産主義勢力の拡大がイギリスを含む西側ブロックにとって脅威であることは明らかだった。イギリスの撤退期限が迫る中、離宮に引きこもるばかりで効果的な対策を取ろうとしないスルタン・サイードへの不満はイギリスのみならず、スルタン国の政治エリートにも広まっていた。

こうした中で、サイードの一人息子であるカーブースの宮廷クーデターが準備された。カーブースはイギリスのサンドハースト陸軍士官学校で学んだ後、サラーラで軟禁生活を送っていたが、スルタ

ン国軍で任務にあたっていたイギリス人やオマーン人の側近らと協力して１９７０年7月にサラーラの離宮でクーデターを実行し、スルタン・サイードを捕らえて国外追放とした。29歳でスルタンに即位したカーブースは、国名を現在の「オマーン・スルタン国」に改称し、イギリスやイラン、ヨルダンの軍事的支援を得てＰＦＬＯＡＧに反撃した。現実から乖離していた「オマーン問題」の議論の幕引きを模索していたアラブ諸国にとって、カーブースによる新生オマーンの誕生は絶好の機会となり、「オマーン問題」の議論は打ち切られ（反対したのはイエメンとキューバのみ）、オマーン・スルタン国は国連で正式に承認されることとなった。さらに、商業生産が開始された油田から多くの富がオマーンにもたらされたことで、カーブースはドファール地方に積極的に社会インフラを整備し、支持を拡大した。１９７０年代半ばまでにドファール戦争はほぼ沈静化し、オマーンはカーブースの元で平和と繁栄を迎えることになる。

（松尾昌樹）

25

カーブースとオマーン・ルネサンス

★近代化への道★

「1970年当時のオマーンは、全国に学校は3校、公立病院は2軒、舗装道路は15キロメートルしかなかった……」カーブース国王の偉業についてオマーン人に話を聞いたことがある人ならば、一度は耳にしたことのあるフレーズだろう。1970年に即位したカーブース国王にとって、最大の課題は国家の近代化を進めることであった。そして、カーブースが「近代オマーン建国の父」として国民から尊敬を集めているのは、この近代化事業を成功裏に収めたからに他ならない。オマーンにはイスラームと関係性のない祝日が2日あるが、一つはカーブース国王の誕生日であるナショナル・デーである。そしてもう一つが、カーブースが国王に即位した日で、こちらはヤウム・ル・ナフダ、英語でルネサンス・デーと呼ばれている日である。この呼び名が示しているように、カーブースの業績はオマーンにルネサンスを起こしたこと、すなわち西洋化ではない近代化をもたらしたこととされている。

2010年に国連開発計画が出した「人間開発報告書2010」では、過去40年間において人間開発指数が最も改善した国として、135カ国中オマーンが第1位であったと発表した。

この報告書が示しているように、カーブース国王の治世下でオマーンの近代化は目覚ましく進展したと国内外から評価されている。１９７０年から２００９年の間に名目ＧＤＰは１７０倍の１７７・３億リヤール、１人当たりのＧＮＩは35倍の５８０７・８リヤールまで上昇した。国立病院の数は２軒から55軒、学校の数は３校から１０４９校に増え、高等教育や大学教育も国内で受けられるようになった。オマーンに高等教育機関が整備されるまでは、国民はエジプトやレバノンなど国外に留学するしか選択肢がなかったのである。

また、舗装道路の総延長距離も15キロメートルから2万５９２６キロメートルに達した。国土面積が約30万９５００平方キロと日本の約85％の大きさがありながら、１９７０年当時のオマーンの人口は約70万人程度で、しかも北部の飛び地ムサンダムからイエメン国境沿いの南部ドファールまで人口は分散していた。また、ハジャル山脈によりマスカトなどの沿岸部とニズワーなどの内陸部は断絶されていた。地理的に分散して社会が形成されているオマーンでは部族意識が強く、「オマーン国民」という意識はむしろ希薄であった。これら地域を道路で結び、各地に学校を建設して画一化された教育をすることは、新たに「オマーン国民」を作り出すという中央政府の重要な施策だったのである。

国家の近代化がカーブースの時代に急速に進展したのは、石油収入が大幅に増大したことが大きい。原油の生産と輸出はサイード前国王の時代に始まっており、カーブースが即位した時点でも日量30万バレルの原油を生産する能力がオマーンにはあった。その後、オマーンの原油生産能力は２０１５年に日量１００万バレルを超えるものの、増産のペースは45年間、漸進的なものであった。他方、原油価格は、１９７０年には1バレル1・82ドルだったが、１９７３年の石油危機により1バレル12ドル

オペラハウスを正面から　　　　[筆者撮影]

を超えるようになった。歳入が急増したことで、オマーン政府は開発計画に予算を潤沢に割くことができるようになり、インフラ整備が全国津々浦々で進展していくことになる。出張で米国のテキサスに行ったことがあるというある年配のオマーン人男性は、米国の地方のインフラはオマーンの内陸部にあるハムラー村よりもはるかに劣っていたと熱弁し、いかにオマーンのインフラ事業が国内に広がっているかを私に説いてくれた。

しかし、こうしたオマーンの発展は、西洋的な近代化とは異なる道を辿った。カーブースは、オマーンの歴史・文化と現代的な価値とが調和するような発展を目指し、数々の施策を打ち出す。例えば、マスカトを訪れた者は、首都にも関わらず街に高層ビルがほとんどなく、多くの建築物が白塗りでどれも似たような体裁であることに気づくだろう。これは、1981年に出された建築基準法において、「住居や商業施設の外見はローカル、アラブ、イスラーム様式に従って設計されるものとする」という規定があるためだ。カーブースの即位40周年記念事業ではオペラハウスがマスカトの中心部に建設されたが、建物の外側は見事なイスラーム様式のデザインとなっており、街に自然に溶け込んでいる。1

オペラハウス　　［筆者撮影］

970年から急速な都市化を遂げたオマーンであるが、隣国のドバイと比べると、どこか牧歌的な雰囲気すら漂っているような印象を受けるだろう。

カーブースは、政治面でも欧米の政治制度を模倣するだけではなく、伝統と近代の間でバランスをとろうと試みた。省庁の設置、内閣制度の導入（第26章参照）、議会の設置（第30章参照）といった近代的な政治改革を進めるとともに、事実上の憲法にあたる国家基本法（1996年制定）において国王の権限を明文化した啓蒙君主は、親族政治を排して自身に権限を集中し、閣僚や側近に王位継承権のない一般王族や各地方の部族長、かつての反政府勢力の指導者らを登用した。また、沿岸部において貿易業に従事してきたインド系やパキスタン系の移民に部族名を与えてオマーン人化を促し、彼らに財閥を形成させてオマーン経済の主翼を担わせるという手法を採った。選挙によって国民の信任を得ることがない君主は、人事権を縦横に行使し、国内の各社会勢力を選択的に取り込むことで国内の融和を図った。その結果、オマーンは過去に例を見ない平和と安定の時代を享受することになったのである。

（村上拓哉）

「マスカト」の由来
——地名に隠れた国際性

コラム2 松尾昌樹

マスカトという地名には、どのような由来があるのだろうか。日本語では、マスカトはしばしばマスカットとも表記され、これはブドウの一種を想像させるが、もちろんブドウの名前が付けられているわけではない。マスカトの語源についてはいくつかの説があるが、それらを理解するためにはアラビア語にする知識が必要となる。

アラビア語では、マスカトはMasqaṭと表記される（本来はアラビア文字で表記されるが、ここではそれをローマ字表記で代用している）。日本語のカタカナ表記ではともにカ行になってしまうが、アラビア語では日本語で「カ」行で表記する音にはq音とk音の全く別の音があり、前者は口の奥の方で響くように、後者は口の前の方で発音される。また下に点のついたṭで表記される音は点のないtとはやはり違う音で、共に日本語では「タ」行で表記されるが、qとkの関係と同様に、その音はṭが口の奥の方、tが口の先で発音される別のものだ。

アラビア語では、主に三つの子音字からなる組み合わせを規則的に派生させて様々な単語が作られる。この3文字を語根という。例えばアラビア語で「事務所」を意味する「マクタブ（maktab）」という単語がある。また、「書く」という動作は「カタバ（kataba）」という単語で表す。マクタブとカタバという二つの単語の間では、k-t-bという三つの子音が共通している。このk-t-bは語根であり、これを規則に従って変化させてゆくことで、意味もおおむね規則的に変化し、様々な単語が生まれる。「書く」を意味するカタバ（ka-ta-ba）は、語根k-t-bに母

音（ここではa）を挟み込むことで「書く」という動作を表したものだ。同じ語根の頭に場所を意味するマ（ma）をつけ、さらに規則に従って母音を（この場合は第二子音字にaを）つけると「書く場所（ma-k-ta-b）」、すなわち「事務所」という単語が生まれる。このように、語根が共通していると、そこから派生した単語の間で意味に共通点が見出されることが多い。

　このようなアラビア語の規則を当てはめると、マスカト（Masqaṭ）とは、s-q-ṭの語根に場所を表すmaの音がついた単語だと推測される。では、s-q-ṭの語根は何を意味するのか。規則に従ってこの語根に母音をつけたサカタ（saqata）という単語は、「落ちる」という動作を意味する。つまり、「マスカト」は「落ちる場所」という意味になる。これは、波打ち際のギリギリまで岩山が迫っているマスカトの地形を思い起こせば、なるほど「陸地が海に落ち込む場所」にちなんで「マスカト」と名付けられたのだ、と頷ける。事実、これは「マスカト」の語源として有力な説の一つだ。

　しかし、歴史史料を紐解くとこの説は否定されてしまう。18世紀から19世紀にオマーンで書かれた歴史書を参照すると、「マスカト」の表記にはブレが生じていて、ある場面ではṭの代わりにdが用いられてマスカド（Masqad）と記されたり、qの代わりにkが用いられて（カタカナ表記だと同じになってしまうが）マスカト（Maskaṭ）と記されたり、さらにはそれらを混ぜてマスカド（Maskad）などと表記される場合もある。なぜこうした表記のブレが発生したのだろうか。仮に「落ちる場所」という意味で「マスカト」が用いられて来たのであれば、語根が変われば意味も変わってしまうから、表記のブレはそうそう発生しないはずだ。また、これらの表記に語根があるとすれば、それ

はs-q-dやs-k-d、あるいはs-k-tになるはずだが、現代アラビア語辞典はもとより古語辞典を探してみてもこれらの語根は見当たらない。

この奇妙な表記のブレは、「マスカト」が外来語である可能性が高いことを示している。おそらく、外来語であるがゆえにアラビア語の規則に従わず、耳で聞いた音に近い文字を当てて表記されたため、ブレを伴いながら表記されていたのだろう。その後「マスカト」は次第にアラビア語の文法規則に従う形に変えられ、今日のMasqaṭになったのだろう。こうした地名の由来もまた、マスカトの国際性を物語っている。

III

政治と経済

26

オマーンの行政制度

★国王に集中する権限と内閣の役割★

現代のオマーンの行政制度は、カーブース国王の時代になってから整備されたものである。カーブース以前は君主と少数の側近、あるいは英国人の顧問らが政策決定の中心にあり、行政機能は国王に付随する宮内省（ディーワーンと呼ばれる）にほとんど集中していた。1970年7月にカーブースが宮廷クーデターにより実権を握ると、サイード前国王の弟でカーブースの叔父にあたるターリクがドイツから帰国し、首相職に就いた。ターリク首相の下、保健省、教育省、内務省、司法省、情報省、社会サービス・労働省、経済省が新たに設立され、オマーンの内閣制度は急速に整備が進められていった。

しかし、内閣制度の中心にあり、立憲君主制に向けて迅速な改革を進めようとするターリク首相と、漸進的な行政改革を希望していたカーブースとの間で路線対立が発生する。閣僚に対し国王と首相から異なる指示が出される事態に発展し、1971年12月、ターリクは首相を辞任する。以後、カーブースは国王と首相職を兼任するようになり、国王が首相として行政権を行使する統治体制が完成する。1972年1月に内閣が組閣された際、カーブースは国王、首相、外相、国防相、財務相を兼

務すると発表され、カーブースが広範な行政権を掌握していることが内外に示された。

オマーンの行政制度については、1975年に制定された国家行政機構法において概略が定められた。内閣が行政機構の最高機関であり、内閣を首班する首相は国王が任命すること、内閣の主要な役割は法案の策定であることなどが決められた。1979年には初の副首相が任命され、1982年には法務、安全保障・国防、経済・財政について3人の副首相がそれぞれ所管する体制になった。しかし、1995年、96年に経済・財政担当、安全保障・国防担当の副首相が相次いで亡くなったものの、その空

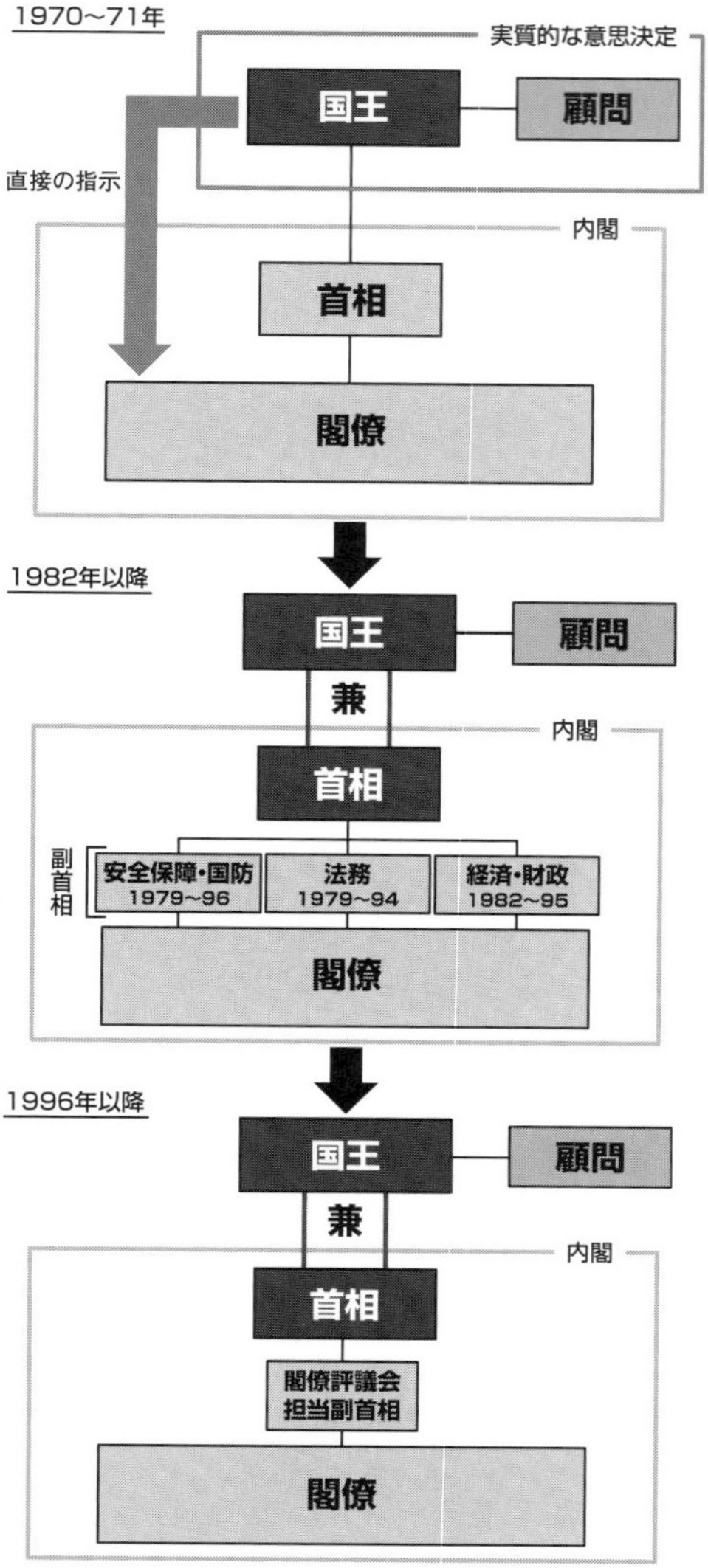

オマーンの行政機構の変遷（1970年～、1982年、1996年～）　［筆者作成］

注：縦線は指揮系統を示すが、副首相・閣僚間の関係など一部は明示的・固定的なものではない。個々の関係については本文を参照されたい。

席は埋められることはなかった。法務担当の副首相を務めていたファハドは閣僚評議会担当副首相となり、以後、首相を兼務する国王に代わって副首相が閣議を定期的に取り仕切るかたちになった。1996年には憲法に相当する国家基本法が制定され、君主の権限や内閣の役割など行政制度について詳細に定められた。2011年に国家基本法が改正されたときには議会と内閣の関係が一部変化したものの（詳細は第31章を参照）、70年代から今日に至るまで行政制度の基本的な構造に大きな変化はない。

省庁については、国家の行政サービスが拡大するにつれて数も増やされ、2017年10月現在、26省体制となっている（閣議には首相を兼務する国王、副首相、そしてマスカト行政区知事とドファール行政区知事が加わるため、30人体制となる）。先に、カーブースは外相、国防相、財務相を兼務していると述べたが、各省には担当大臣がそれぞれ置かれており、彼らは実質的な大臣として振る舞っている。カーブースは最終的な決定権こそ自分に置いているものの、日常的な業務については各省の大臣に任せており、大臣の裁量は他の国と比べても小さくない。担当大臣も権限の面ではその他の大臣とほとんど変わることはなく、序列や所掌の重要性という面ではむしろ一般の大臣よりも上位にある。

また、各省の大臣の任命については、当初は王族や部族長、反体制勢力の指導者らを取り込むための政治配分という性格が強かったが、徐々に所掌について専門的な知識を持つテクノクラートを登用するようになっていく。1997年の内閣改造で、オマーン唯一の国立大学であるスルタン・カーブース大学から博士号持ちの学者3人がそれぞれ農漁業相、石油・ガス相、地方自治・環境相に任命された。このことは、これらのポストにおいて専門的知識を持つ大臣が必要とされるようになったことを意味しており、各省庁の大臣が実質的な権能を有している証左でもある。2004年にはオマー

ン初の女性閣僚となるラーウィヤが高等教育相に任命されたが、彼女もオックスフォード大学で博士号を取得した専門家であった。テクノクラート重視の政治任命は、女性が閣僚に就く道を開いたとも言えよう。

他方で、省庁が所管する問題において、大臣やその省が最も強い権限を持っているとは限らない。オマーンには各省の大臣や国王の顧問、あるいは国王自身もメンバーとする評議会が複数設置されており、主要な政策決定は閣議ではなく評議会の場でなされることが多い。例えば、高等教育評議会や公務員評議会では、高等教育相や公務員相は副議長の立場であり、会議を取り仕切る議長には宮内相が任じられている。予算案の策定に関わる財務・エネルギー評議会は国王を議長としており、メンバーとして名を連ねる経済計画担当国王顧問と外交担当国王顧問は国王の側近として他の大臣よりも強い発言権を持つと言われている。

国王が首相のほか複数の大臣職を兼務するという統治体制は、世界各地に現存する君主制国家でも見られなくなっており、オマーンでは国王が持つ権限は多いと言えよう。他方で、これは必ずしも君主の権能が強いということを意味していない点には注意が必要だ。すなわち、オマーンでカーブースが行使している権限は君主としての権限ではなく、首相や評議会の議長として行使している権限もあるということである。１９７５年の国家行政組織法、そして１９９６年の国家基本法において国王と首相の役割が明確に分けて記述されたように、行政権はあくまで首相に与えられている。将来的にオマーンで首相が任命されることがあれば、行政制度上は一切の変更がないとしても、行政の在り方は大きく変化することになるだろう。

（村上拓哉）

27

王族とその政治権力

★アール・サイードとブー・サイーディー★

君主制国家であるオマーンでは、王族が政治的な権限を持ち、国政を担っている。首相を兼務する国王を除く閣僚評議会のメンバー29人のうち、副首相をはじめ8人が王族だ。特に宮内相や国防担当相、内務相、マスカト行政区知事といった要職は代々王族が務めており、事実上王族が占有するポストと言うことができよう。

ところで、王族とはいったい、誰のことを指すのだろうか。

実は、オマーンには王族について公式の定義がない。もっとも広義の定義をするのであれば、それは現在の王朝であるブー・サイード朝を興したアフマド・ブン・サイード（第18章参照）の出身部族であるブー・サイード族を指すことになるだろう。ブー・サイード族はヒナーイー族に属する内陸部のアダム出身の部族である。しかし、ブー・サイーディーの名前を持つ人は少なくなく、その多くは農業に従事するなど普通の生活を送る一般人であり、オマーン社会においても彼らが王族として扱われることはほとんどない。なかには出自がはっきりとせず、アフマド・ブン・サイードとの血縁関係を辿れない者もいる程だ。

第27章
王族とその政治権力

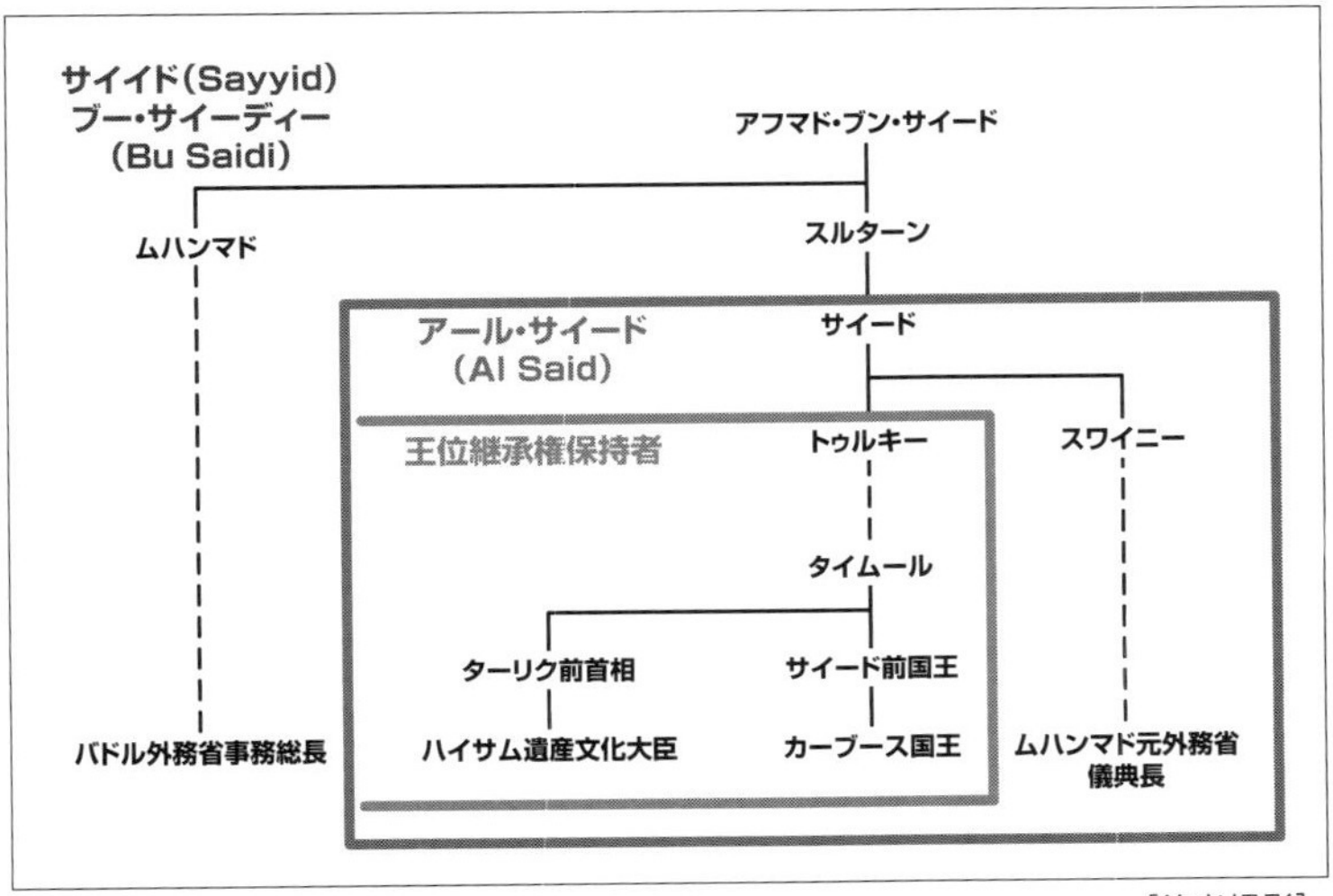

王族の範囲　［筆者撮影］

現代において王族として認識されるのは、一般的にアフマド・ブン・サイードの子孫からである。彼らは、同じブー・サイーディーでありながらも、名前の前に敬称としてサイイド（Sayyid）という称号をつけて呼ばれる。例えば、外務省のナンバー2であるバドル・ビン・ハマド・ブー・サイーディー事務総長を呼称する際には、サイイド・バドル（Sayyid Badr）と呼ぶことになる。彼らは宮内省から手当を受け取ることができるなど、王族としての特権を有している。代々政治家を輩出している家や、ファミリービジネスを興した家など、政財界において力を持つ一族が多い。

同じくアフマド・ブン・サイードの子孫でありながら、一部の者はブー・サイーディーではなくアール・サイードの名前を持つ。彼らは、ブー・サイード朝の第5代国王であり、東アフリカやパキスタンのグワダルを版図に収めブー・サイード朝の最盛期を築いたサイード国王の子孫である（第19章参照）。

アール・サイードを名乗る王族は、公式の場において序列上、ブー・サイーディーと別の扱いを受ける。イード（宗教祭）の礼拝時などに赤と青のマサル（オマーン人が公式の場で頭に巻くターバン）を巻くことが許されるのは、アール・サイードの王族のみである。また、年に1回の国王の議会演説やナショナル・デーの式典などでは、王族用の席が用意されているが、そこに座れるのはアール・サイードだけであり、役職上どんなに高位であってもブー・サイーディーがそこに座ることはない。

もっとも狭義の王族は、王位継承権を有する王族である。これには明確な定義があり、国家基本法第5条に、王位継承権を有するのは第10代国王であるトゥルキー国王の男系子孫と定められている（王位継承に関しては第34章を参照）。例えば、ハイサム・ビン・ターリク・アール・サイード遺産文化相はトゥルキーの子孫であるため王位継承権を有するが、同じアール・サイードであっても、トゥルキーの兄弟であるスワイニー国王の子孫であるムハンマド・ビン・サーリム・アール・サイード元外務省儀典長は、王位継承権を有していないことになる。もっとも、王位継承権の有無はアール・サイード内での序列に影響を与えず、年長者が序列の上位に来るようになっている。なお、王位継承権を有さない女性王族に関しては、アール・サイード内での区分はほとんど意味をなさない。また、日本の皇室と異なり、非王族との結婚によって女性が王族としての地位を失うということも一般的にはない。

以上のような分類をすると、王族と一口に言っても、その権限や権威に大きな差があることが分かるだろう。当然ながら、王位継承権を持つアール・サイードが王族としてもっとも大きな権力や権威を持っていると想像できる。

しかし、実際のオマーン政治を眺めてみると、ことはそう単純ではない。例えば、冒頭で挙げた閣内にいる王族8人のうち、王位継承権を持つアール・サイードはファハド副首相とハイサム遺産文化相の2人だけだ。歴代の宮内相や内務相、マスカト行政区知事は必ずサイイドの呼称を持つブー・サイーディーから選ばれており、国権の中心機構からアール・サイードは意図的に排除されている。これは、カーブース国王が、自身の権力に対抗しうる人物が王位継承権を持つ王族内に生まれないようにしたためだと理解されている。カーブースが国王に即位した際、叔父のターリク首相との間で権力争いが発生した（第26章参照）が、カーブースは同じ事態が繰り返されないよう、自分の後継者候補も含めてアール・サイードの王族たちをあえて権力の中心から遠ざけていると言われている。

従って、現代のオマーンでは周辺湾岸諸国で見られるような王族間の権力争いはほとんど起こらなかった。サウジアラビアのように、王位継承権を有する王族が多数閣内に入り、後継者の座を巡って政治的に競合することが前提になっていれば、王族間の権力争いは熾烈なものとなるだろう。ところが、オマーンのように国王一人に権限が集中している場合は（第26章参照）、争奪の対象となる権益自体が非常に小さいため、王族間で争う理由自体が乏しいのである。アール・サイードの王族はむしろ、ビジネスに専心するか、文化イベントやチャリティー・イベントを主催したりこうしたイベントに主賓として呼ばれたりするなど、政治とは若干距離を置いた分野で活動している者が多い。他方で、政治経験の乏しい王族が増えていくなか、現在のような国王への権力集中型の政治体制を維持できる人物が王族から輩出され続けるのか、という別の懸念も生じている。王族と政治権力の関係は、今後のオマーン政治の帰趨を決める鍵となるだろう。

（村上拓哉）

28

オマーンの部族

★現代における部族の意味とは★

オマーンのアラブ系諸部族は、紀元前2世紀頃、南アラビア（現在のイエメン）から移住してきたカフターン族あるいはアズド族、およびその後北ルートで入ってきたアドナーン族にその起源をたどることができるといわれている。当時のオマーンはペルシャの支配下にあったが、アズド系部族はペルシャから支配権を奪回し、その影響をオマーン全土に及ぼした。その後の度重なる分節化の結果、現在、オマーンにおける部族の数は1000とも2000ともいわれている。

政治的な単位としては比較的小規模であった各部族が、より大きな政治的連合体として結集されたのは18世紀前半のことであった。以来、南ルートのアズド系諸部族の後裔がヒナーイー部族連合として、北ルートのアドナーン系諸部族の後裔がガーフィリー部族連合として、内陸部を中心に対立してきた。この二つの部族連合同士の対立もさることながら、連合内での部族間対立も多く、もう一方の連合に属する部族がもう一方の連合に移る事例もみられた。現在のオマーンの部族はこの二つの主要系列に大別されるが、かつての反目関係や明確な区分は不明瞭になっている。

1970年以降の近代化にともない、部族の政治的意味は減少しつつあるといわれるが、現在も部族はある程度制度化されているし、いまだにシャイフの役割は大きい。ここでいうシャイフとは部族における複数の有力者のことで、そのトップは部族長を意味するタミーマの名で呼ばれる。たとえば、ディーワーン（宮内省）および内務省から各部族長たるシャイフに定期的またはさまざまな機会に資金援助がなされるなど、部族対策には巨額の特別予算が組まれている。これらの措置は部族からの忠誠を得ることが目的であり、部族単位での政権への反対を抑える効果がある。また、ある個人がパスポートを申請したり、政府やスルターンに請願書などの公式文書を提出したりする場合、書類にはシャイフの署名が必要となる。さらにはこうした部族を治めるタミーマやシャイフのほかに、地域を代表する政府任命の「行政的」シャイフ・ラシードもいる。

近代になって、かつての政治的同盟を可能にするような部族的連帯が薄れていることはたしかだが、実は1990年代以降、従来とは異なる文脈において自らの部族を意識化する局面が増えている。第一に、1991年以来、4年に一度おこなわれている諮問評議会の直接選挙が挙げられる（第30章参照）。61の州から代表者を選出する地方選挙であるため、都市部を除いては自分の部族出身者に投票することが多い。

第二の局面は就職活動においてである。90年代後半に公的部門におけるポストが飽和状態になるなか（第39章参照）、もはや部族のコネがなければ公的部門での就職も困難になった。実際、部族による就職の有利・不利の話は頻繁に耳にする。たとえば、わたしの友人の弟は、大手石油会社への就職を希望し、履歴書をもって会社を訪問した。受付で名前を聞かれ、答えたところ、無名の部族名に言及

され門前払いをくらったというのだ。エリート部族出身でない若者が労働条件の悪い民間企業のブルーカラーに就業するという具合に、部族的属性が就業格差ひいては階級を生み出す装置となっている。

部族を意識化する第三の局面は、結婚するときである。70年代までは部族内での結婚が一般的であった。アラブ社会では父親同士が兄弟であるいとこ同士の結婚が理想とされているが、いとこ同士の結婚全般が好まれる。ところが70年代以降、女性が学校教育を受け、社会進出するようになると、大学や職場で知り合った部族外の異性と結婚する機会が増えてきた。現在都市部の若い世代では恋愛結婚も増えているし、部族の外から配偶者を選ぶのも一般的である（第51章参照）。

結婚相手を選ぶときにもっとも重視されるのが相手の部族である。具体的には、女性側からみた男性側の部族の「格」である。イスラームでは、女性が格下の相手に嫁ぐことは法学派によっては禁止されている。なぜなら父系出自をたどるアラブ社会では生まれてくる子供は父親の親族集団の成員になるため、女性からしてみると自分の子供の身分が下がってしまうからである。伝統的ないとこ婚であれば原則的に同族内での結婚であるから、結婚相手の部族の格は問題にはならなかった。だが、近年、自分たちで結婚相手が選べるようになったことで、自らの部族を意識化する契機が増えたと考えられる。

こうした部族意識はもともとオマーンの非アラブ系住民にはみられない。だが、オマーン政府は1980年に非アラブ系コミュニティーに対して統制・仲裁役としてのシャイフを指名した。これは非アラブ集団を「部族化」することによって国家に取り込むことを意味していた。1981年にはすべ

ての国民に部族名をもつことが公的に義務づけられ、パキスタン系のバルーチやインド系のラワーティヤなどアラブ部族に出自をたどれない人びとには、それぞれバルーシー、ラワーティーのように、民族名をそのままスライドさせた部族名があてがわれた（それでも名刺に「部族名」を記載しない非アラブ系は存在する）。これは換言すれば、部族的属性あるいは部族名の有無が国民と外国人を分ける要件になったということである。

オマーンでは部族名を聞くと、アラブ系か否かを判断できるだけでなく、部族の出身地、さらには部族の「格」までおおよそ判断できる。この「格」とはナサブ（出自、リネージ）とかハサブ（高貴な生まれ）という用語で語られる。それは学歴や経済状態ではなく、代々続く名門であるとか、部族の規模の大きさ、中枢権力とのパイプの有無などによってはかられるものである。

このように、現代の部族意識は、それまではなかった普通選挙制度の導入や公的機関への就職難、結婚相手の選択可能性という新しい機会の登場によって喚起され、外国人ではない国民としての正当性をも含む、社会的な部族意識なのである。

（大川真由子）

29

遅れてきた産油国

★油田開発と経済・社会の発展★

オマーンでの油田の開発は他の湾岸諸国よりも遅れて始まり、原油の生産が始まったのは1967年のことであった。サウジアラビアでは1938年に、クウェートでは1946年に原油の生産が開始されており、少し遅れたアラブ首長国連邦では1962年に開始されていたが、オマーンでの原油生産は湾岸諸国の中では最も遅かったのである。

原油の埋蔵に関する初期的な調査は1925年から始まったが、その調査では具体的な成果はなかった。その後、1956年から1960年にかけてPDO（オマーン石油開発）によってボーリング調査が行われたものの原油の発見には至らなかった。オマーンで原油が発見されたのは1962年になってからのことで、同年2月に最初にイバル油田で原油が見つかり、翌63年にはナティーフ油田で、そして64年にはファフード油田で原油が見つかった。パイプラインなどの輸出用の施設が整い実際に原油の生産が始まったのは1967年になってからのことで、その年の生産量は5・5万b/dとわずかであったが、翌年の68年には24万b/d、69年には33万b/dに増加している。

初期に開発された油田は、マスカトから250〜300キロ

メートル西側のサウジアラビアとの国境に近い内陸部地域にあった。そこから長距離のパイプラインでマスカトまで送油し、原油積出し専用のミナ・アルファハル港からタンカーで輸出された。その後、新しい油田の発見が続き、油田地域は南北に広がり、南はドファール地方近くでも油田が開発されている。

オマーンでの原油生産量は1976年には36・5万b/dに増加したものの、その後は伸び悩み、1980年後半以降、再び増加に転じ2001年には96万b/dとなり生産量のピークを記録した。その後は再び減少したものの、次第に回復し2015年は94万b/dを生産している。16〜17年は90万b/d前後で推移している。

オマーンの原油生産量を他の主要な湾岸諸国と比較すると、開発初期の1980年にはオマーンは28万b/dを生産していたが、同じ年のサウジアラビアの生産量は990万b/d、クウェートは165万b/d、アラブ首長国連邦は171万b/dであった。現在の生産状況については、2017年2月で見ると、オマーンは88万b/dを生産し、サウジアラビアは980万b/d、クウェートは271万b/d、アラブ首長国連邦は298万b/dである。他の主要なGCC産油国と比べてオマーンの産油量が少ないのが見て取れよう。

また、オマーンの油田の特徴として原油の埋蔵量が少なく、開発の当初から早い時期の油田の枯渇化が指摘されてきた。例えば2000年の統計によると、オマーンの油田の可採年数は17年とされている。数字の通りならば2017年で枯渇するはずであるが、実際には現在も生産を続けている。新規の油田開発が行われ、また既存油田に関しても、油層への水蒸気やガスの注入で圧力を高め生産量

減少のペースを遅くし、90万b/d前後の原油の生産を維持してきたのである。いずれにしても、原油の埋蔵量が少ないために、オマーン政府は早い時期から工業化など石油に依存しない経済への移行に取り組んできた。

オマーンでは天然ガスも生産している。天然ガスは油田開発に伴って生産されるようになったもので、1978年にはマスカトの発電所・淡水化施設への天然ガスの供給が始まり、その後、他の発電所や産業での天然ガスの利用が進み、輸出も始まった。しかし、需要の増加とともにガスが不足するようになっており、不足を補うためにカタルやイランからパイプラインを使って天然ガスを輸入するプロジェクトが進められている。

原油の輸出から得られた石油収入は1970年には1.9億ドルで、71年には2.1億ドルと少なかったが、73年のオイルショックを経た74年には11.3億ドルに急増し、第2次オイルショックを経た81年には44億ドルとなった。オマーンは産油量が多くはなく石油収入も少なかったものの、石油収入が増加した80年代にかけてインフラの整備をはじめとした国内開発が急速に進み、経済と社会が大きく変化したのである。

1970年にカーブース国王が即位したときのオマーンの経済・社会の状態は、オマーンの国内には近代的な小学校はわずか3校、教員数は全部で30人、ベッド数12の病院が一つあっただけで、舗装道路は10キロしかなかった。電気も限られた一部の人々しか使えなかった。今日のオマーンからは想像もできないような前近代的な状態で、カーブース国王にとって国の近代化が急務となったのである。当時の人口は約75万人でその多くは地方に住んでいたが、1980年代にかけて地方も含めた開発が

第29章

遅れてきた産油国

ムダイリブの町　［1984年、筆者撮影］

急速に進められていった。

オマーン政府は首都マスカト地区の開発から着手した。私は、１９８３年から85年までマスカトに住んでいたが、マスカト市内では道路建設と市街地・住宅地の開発が急速に進められており、工事現場の中に住んでいるような感じであった。マスカト郊外では、オマーンで最初の大学のスルターン・カーブース大学が建設中（１９８６年開校）で、ルサイル地区では83年に工業団地が開設されたばかりであった。

内陸部に向かう高速道路はまだ建設されておらず、旧道を通って内陸部に入って行くと、途中の町や村には、古い泥作りの家並みが残っているところも多かった。しかし、よく見ると泥づくりの家並みには、テレビのアンテナを付けた家がいくつも見られた。地方にも電力が供給されるようになり、テレビの普及が急速に進んでいたのであった。

統計では、1980年には学校数は363校に、教員数は4325人に急増し、病院のベッド数は1784床に、舗装道路は2142キロに拡大していた。また、1985年の調査によれば、全国で90％の家庭がテレビを持ち、50％がビデオを、そして75％が自家用車を保有していた。それらの数字からは、オマーンの国内開発は遅れて始まったが、1980年代には、マスカトで始まった近代化の波が地方部にも及ぶようになり、人々の生活が急激に変わりつつあったことが見て取れよう。

人々の生活を大きく変えたのは、第一に、道路や学校の建設、電力・電話網、そしてテレビ放送網をはじめとしたインフラ開発が進展し、経済や生活環境をめぐる近代化が進んだことがある。同時に、行政機構や軍・警察・教育機関などの国家機関が整備される中で公務員として働くオマーン人が急速に増え、所得の面でも大幅な改善が進んだことがある。それらの恩恵は地方の人たちにも及んだのであった。

今日、オマーンの地方を訪ねると、地方の隅々まで舗装道路が整備されており、地方の村でもコンクリート造りの住宅が立ち並んでいる。石油開発によって石油収入を得たオマーンは、マスカトだけでなく地方も大きく発展したのである。

（福田安志）

30

選挙・議会制度改革の動き

――★進む上からの改革、盛り上がらぬ下からの政治参加★――

オマーンで議会の原型が創設されたのは、1981年のことである。国家諮問評議会と名付けられたこの議会は、議員は全て国王による任命、役割は勧告を発出することであり、まさに諮問機関としての限定的な権能しか持っていなかった。1991年には国家諮問評議会を発展的解消し、国王からの直接的な任命に依らない諮問議会が設置された。とはいえ、議員の選出は政府に部族長や有識者と認められた者たちによる選考会で決定されるものであり、さらに選考会が指名した候補から国王が最終的な候補を選出するという構造になっていたため、大半の国民にとっては関わりのない政治イベントであった。1997年には、国王の任命によって全議員が選出される国家議会が設立され、オマーンは二院制となった。

上院にあたる国家議会の設立を契機に、下院にあたる諮問議会の改革は大きく進んでいく。まず、被選挙権が大幅に緩和され、30歳以上のオマーン人であれば事実上誰でも立候補できるようになった。内務省による立候補者のスクリーニングは存在するものの、実際には政府に批判的な活動家が選挙に立候補できるなど、間口は広く開けられていると言える。他方、選挙権

に関しては、漸進的に改革が進められていった。1997年の時点では、各州の知事が有権者を選出するという方法がとられ、推定有権者数の1割にも満たない5万人が投票権を持つに過ぎなかった。また、この時点では、獲得票数の上位者から国王が最終的な候補を選出するというスタイルも変わらなかった。国王による最終的なスクリーニングが廃止されるのは2000年のことである。このときには投票権を与えられた有権者数は17・5万人に拡大したが、全体から見るとまだ一部である。普通選挙がようやく実現したのは2003年であり、軍・治安関係者を除く21歳以上のオマーン人全員に投票権が与えられた。しかし、議会の権限はあくまで閣僚評議会が作成した法案に対して勧告することのみに限定されており、その勧告を聞き入れるかどうかは閣僚評議会の裁量に任されていたのである。

オマーン議会　［筆者撮影］

2011年に「アラブの春」が起きたことで（第31章を参照）、国民の多くが議会にさらなる権限が与えられることを望んでいることが詳らかとなった。これを受け、2011年11月には1996年の制定以来初となる国家基本法の改正が行われ、議会の権限が大幅に強化された。第一に、両院は閣僚評議会ないし国王に対して法案を提出することができるようになり、限定的ながら立法権が付与された。また、閣僚評議会提出の法案には勧告ではなく直接修正することができるようになり、修正案について閣僚評議会との調整がつかない場合には国王の裁定を仰ぐことが

認められた。第二に、閣僚評議会が策定する開発計画案、予算案については諮問議会のみならず国家議会でも審議されるようになり、さらに閣僚評議会は両院からの勧告を採用しなかった場合、その理由を説明することが義務となった。そして第三に、諮問議会は議員15人以上の署名により、サービス分野担当の閣僚を議会に召喚して質疑を要求することが可能になった。このほかにも、これまで国王任命だった諮問議会の議長が議員のなかから互選で選出されるようになったなど、多岐にわたる改革がこのときに行われている。

オマーン議会　［筆者撮影］

こうした改革を受けて、議会内での議員の活動も活発になっている。各省の大臣を召喚して計画の遅れや失敗について追及を行う、予算案に対して表立って不満を表明するなど、これまでのオマーン政治では見られなかった光景が議会で繰り広げられるようになった。また、議会に与えられている権限を巡っても積極的に意見が表明されるようになり、例えば諮問議会では過半数の議員が国防や外交についても議会で議論されるべきであると主張し、新しい内規で9番目の常設委員会として国防・安全保障・国際関係委員会を設置することを賛成多数で可決した。しかし、これに対して法務省は、国防や外交を担当する省は君主の権限下にある省であるため、同分野は議会の権限下にないとして委員会の設置に反対してきた。議会側は議論を禁じる条項が明文化されていないことを逆手にとって半ば強行する形で委員会設置に踏み切ったわけだが、この

ように政府との対立を恐れない動きが議会から出るようになったことも変化と言える。

２０１１年に起きた改革はこれだけではない。地方議会についても新たに設置されることが決定され、２０１２年12月には、オマーン初となる地方議会選挙が実施された。これまで各地方は行政区が設置されていたマスカト、ドファール、ムサンダム、ブライミーを除くと、内務省の直轄下にあった。この改革では全地方に行政区が設けられ、さらには議会も併設することが決められたのである。もっとも、地方議会に与えられた権限は限定的なものであり、条例を制定するようなことは認められていない。ここで地方議会に期待されている役割は、地方自治や地方分権を進めるというよりも、地方の声を聴取することであろう。

しかしながら、オマーン人の議会制度改革に対する熱は急速に冷めてきている。２０１５年に行われた諮問議会議員選挙、２０１６年に行われた地方議会議員選挙は、いずれも投票率では前回を下回る結果となっている。２０１７年２月に筆者が現地調査に訪れた際、話を聞いたオマーン人のほとんどが議会制度改革について悲観的な見通しを語っていたことは、これまでのオマーン人の楽観的な政治態度から考えると異例のことであった。議会で行われている閣僚への喚問もパフォーマンスに過ぎないと見る向きが多く、議会に実質的な権限が与えられない限り選挙に行くことはないと断言する若者もいた。これまで漸進的な議会制度改革を続けてきたオマーンであるが、２０１４年以降の原油価格の下落による財政危機と経済の停滞が続くなか、抜本的な改革を求める声は今後も高まっていくだろう。


（村上拓哉）

31

アラブの春に揺れるオマーン

★「体制転換」ではなく「体制改革」を求める国民★

２０１０年12月にチュニジアで起きた抗議運動は、瞬く間にアラブ世界へと広まり、各地で体制転換や内戦を引き起こした。「アラブの春」と呼ばれたこの抗議運動の波はオマーンにも到来し、オマーン政治にも大きな変化をもたらすことになる。

実を言うと、筆者はこの抗議活動が始まった直後の２０１１年２月にオマーンに赴任しており、活動のほぼ最初の段階から実質的な終結まで、現場で観察し続けることができた。振り返ってみると、オマーンで起きたことはエジプトやシリア、イエメン、リビアといった国々で起きたことと比べるとはるかに抑制された動きだったものの、当時は事態の趨勢がどのように転ぶか分からず、非常に緊迫した雰囲気が国内に漂っていたように感じられた。

私がオマーンに到着したときは、1カ月前の1月にはマスカトで小規模な抗議活動が行われたものの、それ以後は目立った動きはなく、国内最大の祭典であるマスカト・フェスティバルがその年も問題なく開催されるほど平和そのものであったと記憶している。ところが、到着からわずか2日後にマスカトで2回目の抗議活動を行うという話が持ち上がり、自分も視察のた

め当日に現場に赴くことになった。

　２月18日、現場の官庁街には２００人から３００人前後のオマーン人が集った。三々五々に集まってきた若者たちは、特段の明確な合図もなくぞろぞろと省庁の前を歩き始め、政府高官による汚職の非難や給与の増額を求めるスローガンを叫び始めた。デモ中に叫ばれたスローガンで印象的だったのは、エジプトの抗議活動で用いられて有名になった「人民は体制転換を求めている（シャアブ・ユリード・イスカート・ン・ニザーム）」という標語ではなく、「人民は体制改革を求めている（シャアブ・ユリード・イスラーフ・ン・ニザーム）」を使っていたことである。これは後のオマーン各地での抗議活動においても共通する立場となった。デモ参加者らは政治体制の転換や指導者の交代を求めているのではなく、あくまで現国王の統治の下、政治改革がなされることを期待したのである。

マスカトでの抗議活動の様子　［筆者撮影］

　このときにマスカトで行われたデモは非常に平和的なものであり、警察も周囲で見守るだけの対応だった。行進やスローガンの発声はバラバラで、どこか緊張感を欠くものですらあった。ところが、翌週の25日には南部のサラーラで数百人規模の座り込みが、26日には北部のソハールで２０００人の集まる抗議活動が行われ、地方にも運動が拡散した。27日にはソハールで警察が催涙ガスとゴム弾で抗議者を散会させようとしたところパニックになり、抗議者側には死者が発生した。これまでと異なり体制側が暴力的な手段を用いたことにより、全国で抗議者が蜂起し、連日に渡って各所でデモ行進

サラーラでの抗議活動の様子　［筆者撮影］

や座り込み運動が行われることになった。

政府の対応は素早かった。まだほとんど動きのなかった2月26日の時点で6名の閣僚交代を決定し、27日には5万人分の雇用創出、求職者への手当支給、最低賃金の引き上げを打ち出し、抗議者の要望に応える姿勢を示した。さらに2月27日の死者発生を契機に抗議活動が更なる盛り上がりを見せると、3月5日には国王の側近で閣内序列第1位の宮内相、第2位の国王事務所相を罷免し、7日には全閣僚の半数近くとなる12名の閣僚を交代するという、カーブース国王の40年の治世下で最大規模となる内閣改造が行われた。新たに閣僚に任命された者のなかには諮問議会議員も含まれていたが、議員が閣僚に登用されたのもこれが初めてのことであった。さらに3月12日には、議会に対して立法権と監査権を付与することが決定された（第30章を参照）。政府が迅速に対応したことは抗議者からも高く評価され、マスカトの諮問議会前で座り込みを続けていたグループは、「要求の80％は達成された」と表明する程であった。

以後、抗議運動は盛り上がりを欠くようになり、各地の抗議活動の参加者は徐々に減少していった。筆者が視察に行った諮問議会前での座り込み活動も日中は十数人程度しか現場にとどまっておらず、熱意が低下しているように感じられた。市民の間からも、抗議運動のどさくさに紛れて破壊行為に従事したり、自身の借金の免除や学校の試験の合格点引き下げを求

諮問議会前での座り込み　［筆者撮影］

めるなど身勝手な要求をしたりする者に対する不満が表明されるようになり、抗議運動に対する支持も減っていった。また、この抗議活動は既存の社会勢力と連携することに失敗した。特に部族の指導者は抗議活動に参加する若者たちの説得に赴いたものの、彼らはこれを拒絶した。抗議活動の参加者にとって部族長は政府からの利益の配分に与ってきた体制側の人間であり、若年人口の爆発的な増加によってそうした恩恵を十分に受けられなくなった自分たち若者世代との格差こそを彼らは問題視していたからである。

　最終的には、警察と治安部隊が抗議活動に強制介入して事態を鎮圧させることになった。ソハールでは3月29日未明に座り込みを続けていた50人から100人の抗議者が当局に拘束された。4月1日にはこれに抗議する集団と治安部隊との間で衝突が発生し、2月27日以来となる2人目の死者が抗議者側に発生した。しかし、世論の反応は鈍く、マスカトで50人規模と150人規模の抗議活動が2カ所で行われたに過ぎなかった。抗議者を一掃した後、ソハールでは陸軍から軽装甲車が出され、市内の主要なラウンドアバウトに展開した。もっとも、軍は民衆と対峙することはなく、治安の安定が確認されると、4月17日には全部隊が撤収した。その後、5月12日にマスカト、サラーラ、スールで抗議者の一斉逮捕が行われ、約3カ月続いたオマーンでの「アラブの春」は、表面上は完全に収束することになる。

（村上拓哉）

32

オマーンの地政学的重要性

★ホルムズ海峡封鎖危機とドゥクムの開発★

アラビア半島の南東部に位置するオマーンは、湾岸諸国の一つとして数え上げられている。しかし、地図を眺めれば分かるように、オマーンがペルシャ湾に面しているのは飛び地であるムサンダムの西海岸のみであり、国土の大半はホルムズ海峡の外側の海であるオマーン海、アラビア海に面しており、インド洋に向けて開いている。また、ホルムズ海峡の国際航路帯はオマーンの領海内を走っている。こうしたオマーンの立地は、オマーンの地政学的重要性を高めており、戦略的な価値を生み出している。

ホルムズ海峡は世界最大の石油輸送レーンであるものの、国際情勢の推移によりその安全は度々脅かされてきた。1980年代のイラン・イラク戦争の末期には、双方が石油タンカーを攻撃の標的にしたため（通称「タンカー戦争」）、船舶保険の保険料は飛躍的に上昇し、正常な貿易が困難な状態に陥った。また、米国によるイラン制裁が強化されると、2011年にイランのラヒーミー第一副大統領は「もしイラン産原油に制裁が科されれば、一滴の石油もホルムズ海峡を通過することはないだろう」と国際社会に向けて警告した。ホルムズ海峡を挟んでオ

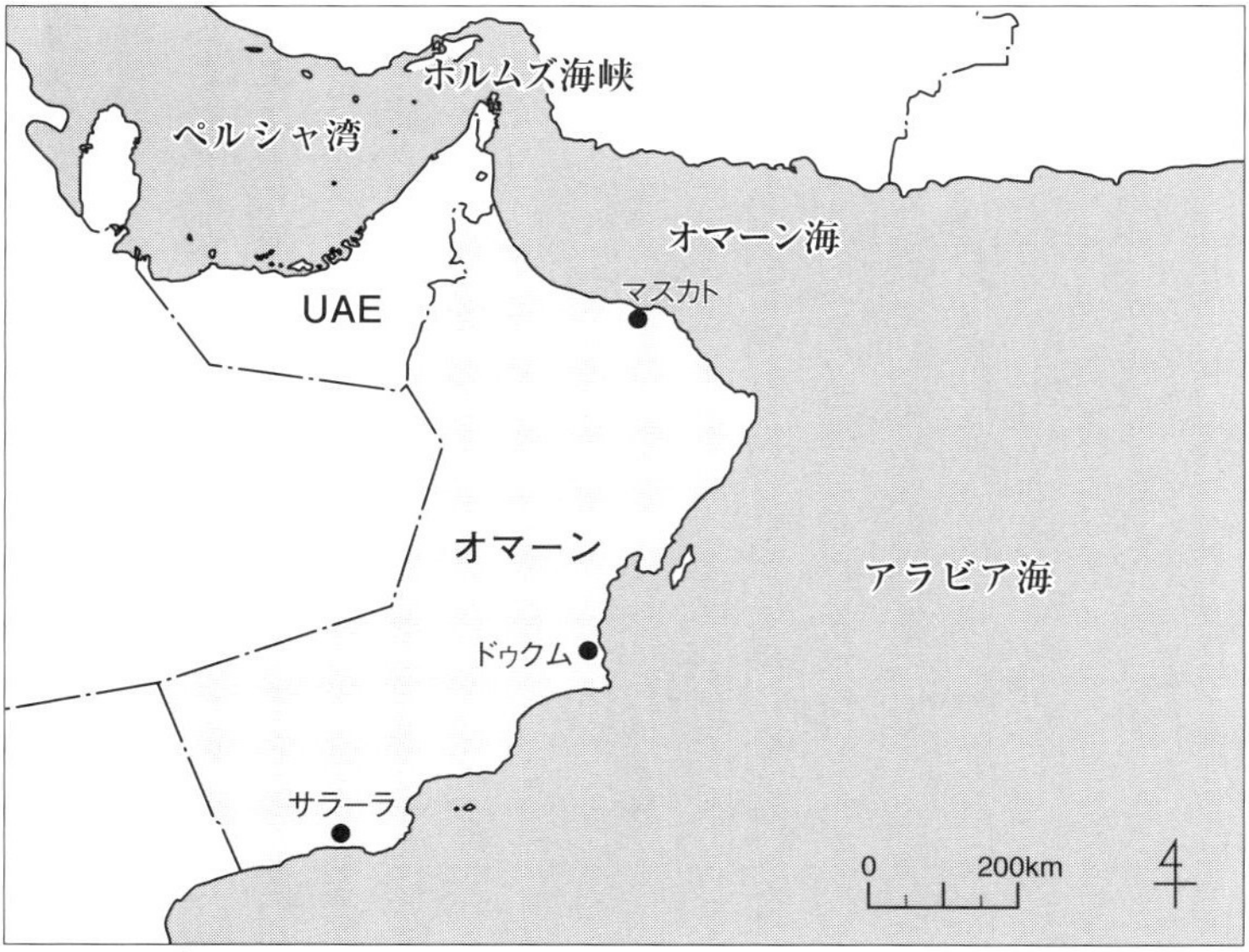

オマーンの地図　［筆者作成］

マーンの対岸に位置するイランは、機雷や小型潜水艦、短距離ミサイルにより一時的に海峡を封鎖できるだけの能力があると見積もられており、その軍事動向に注目が集められてきた。

オマーンとしては自国の領海に影響を及ぼしかねないイランの行動は看過できないが、大国であるイランに対してオマーン単独でこれに対処することは不可能である。１９７１年に英国が湾岸地域から撤退すると、オマーンは米国との安全保障協力を進めていき、１９８０年には米軍にオマーン国内の基地の使用を許可する協定を結んで、イランに対する抑止とした。米国にとっては、オマーンの基地は湾岸地域やアフガニスタンなどで軍事作戦を行う際の兵站拠点として利用することができるため、オマーンと協力することに積極的な意義を見出してきた。

他方で、ホルムズ海峡が封鎖されること自体は、海峡の外側に位置するオマーンにとって経済的に大きな影響を与えるものではない。むしろオマーンとしては、海峡の外側にあってアラビア半島の玄関口に位置するという地理的特

徴をセールスポイントとして、他の湾岸諸国と物流のハブの座を巡って競合している。2017年6月にサウジアラビアやUAEがカタールと断交し、カタール向けの物資を積載した船舶がUAEの港の利用を制限されるようになると、危機から距離を置くオマーンがUAEに代わってカタール向けの物資の中継地としてハブ港の機能を高めるということになった。

そして将来的に地域の海上輸送のハブとなることをもっとも期待されているのが、現在開発が進められているドゥクムである。オマーンの南東部に位置し、アラビア海に面する小さな漁村であったドゥクムは、大規模な工業港と2000平方キロメートルの経済特区が設置されたメガ・プロジェクトの中心地となっている。港にはドライドックが併設されており、載貨重量60万トンの超大型石油タンカーも収容可能となっている。将来的には鉄道網を整備し、オマーン国内のみならずUAEやサウジアラビアへの陸上輸送の拠点になることが目指されている。アラビア半島内の陸上インフラの整備が進めば、紛争リスクの高いホルムズ海峡を迂回することができるようになるというわけだ。

ドゥクムがオマーン国内の主要都市から400キロメートル以上離れていることから、ハブの拠点としての利便性を疑問視する声もある。しかし、各国はドゥクムの戦略的な重要性に目をつけて、開発事業への参入を図ってきた。もっとも活発な動きを見せているのは中国である。2016年、中国はドゥクム経済特区内に工業団地を建設するため2022年までに107億ドルの投資をすることを表明し、ドゥクムの開発に深く関与する意思があることを示した。また、2016年にAIIBはドゥクム港開発のため2・8億ドル融資することを決定している。中国が進める経済圏構想である「一帯一路」において、中東はインド洋圏と欧州圏をつなぐ海のシルクロード上に位置している。中

国にとってドゥクム港はこのための結節点として経済的にも軍事的にも利用価値があると見ているのかもしれない。

ドゥクム港のドライドック建設に関しては日本のＪＢＩＣ（国際協力銀行）も６６０万ドルの融資をしている。このとき、ＪＢＩＣは融資の理由の一つとして、オマーンがホルムズ海峡の外に位置しており「航行上のリスクが少ない地政学的優位性を持つ」ことを評価している。なお、ドライドックの建設を請け負ったのは韓国の大宇造船海洋であり、ドックが完成した後もオマーンからの委託を受けて運営を行っている。韓国にとっては中東地域に安定した修理・造船の拠点を確保したことになり、周辺海域でのプレゼンスが向上することになるだろう。また、これまで目立った動きはないものの、インドもドゥクム港の開発に関心を示しており、将来的なインド海軍の港の利用可能性について検討しているという報道も出てきている。

ホルムズ海峡を領内に擁し、その安定に責任を持つ立場にありながら、海峡が不安定であるほど自国の地政学的重要性が高まり国際社会でのプレゼンスが増すという状況は、やや不可思議な構図である。しかし、ホルムズ海峡の安定を維持するにせよ、そのリスクを回避するにせよ、各国にとってオマーンが重要なパートナーとなることに変わりはない。かつては海洋帝国として栄えたオマーンであるが、現代においてはその地政学的特徴を活かした外交や開発計画を推進していくことにより、海洋国家としての新たな魅力を世界に発信していくことができるかもしれない。

（村上拓哉）

33

オマーンの中庸外交

★中立の模索と仲介外交の取り組み★

地域大国のサウジアラビアとイランに挟まれているオマーンは、地域紛争に巻き込まれないようにしながらも、国際的に孤立しないようバランスをとった中庸外交を行うことが求められている。近隣の大国に比べて相対的に力が劣る国家は一般的に外交政策の自由度が低く、とりうる選択肢が限られていることが多い。しかし、紛争の絶えない中東地域にあってオマーンは、平和主義の信条の下、善隣友好外交を貫いており、その外交立場はユニークなものとしてしばしば注目を集めている。

全方位に友好関係を築くという外交政策は、理念として掲げる国家は多いものの、実際に行動に移すことは難しい。敵／味方関係が顕在化している状況では、中立の立場を維持することは許されず、いずれか一方に与することが求められるからである。そうしたなか、オマーンは中東地域の各種紛争において中立の姿勢を維持し続けてきた。1979年にエジプトがイスラエルと和平条約を結んだとき、アラブ連盟に加盟するアラブ諸国は連盟からのエジプト追放、そしてエジプトとの国交断絶を決定した。このときオマーンは、大勢に反してエジプトとの国交を維持する方針をとった。また、1990年にイラクがク

2013年カーブース・ロウハーニー会談　［出所：イラン大統領府］

ウェート侵攻をした際、イラクの侵略行為は厳しく非難しながらも、オマーンはイラクとの国交を断絶することはなかった。近年では2011年以降、近隣諸国がシリアのアサド政権の正統性を否定し、政権との関係を絶つなか、オマーン政府はアサド政権との対話チャンネルを維持し続けている。

こうした外交的な中立性に加えて、国外にて軍事行動をとることがほとんどないというのもオマーンの特徴である。2010年以降、近隣の湾岸諸国は、バーレーンの暴動鎮圧のための合同軍派遣（サウジ、UAE、クウェート）、欧米主導の連合軍によるリビア空爆（UAE、カタール）、米国主導のシリア領内における対「イスラーム国」空爆（サウジ、バーレーン、カタール、UAE）、サウジ主導のイエメン空爆（サウジ、UAE、バーレーン、カタール、クウェート）と何度も国外で武力を行使しているが、オマーンはそのいずれにも参加していない。

情勢によっては中立を維持することが難しいとき

もある。1991年の湾岸戦争では、連合軍の一翼としてクウェート解放のためにオマーンも部隊を派遣した。そして2003年のイラク戦争では、基地アクセス協定を結んでいる米国からオマーンの基地の使用の要請があり、当初はこれに抗う姿勢を示していたものの、最終的には使用を認めざるを得なかった。他方で、オマーンは湾岸諸国のなかで唯一イラクとの外交関係を維持し続けた。国際社会の広い要請や米国の圧力を受けて一方の立場に立たなくてはならないときも、将来的な交渉の可能性までは放棄しなかったのである。

紛争の軍事的解決に消極的でありながら、オマーンはGDPの10％前後を軍事費につぎ込んでおり（なお日本の防衛費はGDP1％未満である）、いわゆる非武装中立とは全く異なる。自衛に必要な軍事力は自ら構築しながら、紛争主体に積極的に関与することで、双方から敵視されないような状況を作り出すことに傾注しているといえよう。こうした積極的な中立維持政策がよく現れているのが、オマーンによる仲介外交である。仲介外交は、超大国が係争中の国に対して圧力をかけることで停戦や紛争の解決を目指すものもあるが、オマーンが行う仲介外交は対話の場の提供や拘束されている相手国民の釈放といった側面支援的なものだ。

オマーンによる仲介外交の最大の成果は、2015年に成立したイラン核合意であろう。1979年のイランでの革命以来、対立してきた米・イラン間の仲介に乗り出すことで、オマーンは地域の不安定化を避けようとした。80年代はイラン・イラク戦争で発生した死者や負傷者の返還の仲介を行っていたが、90年代に入りイランで改革派のハータミー大統領が誕生すると、米・イラン関係の改善に向けてクリントン大統領からの書簡をハータミー大統領に届けるといったメッセンジャーの役割を

担った。また、イランで強硬派のアフマディーネジャード政権が誕生したときにも、米・イラン間の直接的な対話の開始を促すよう双方に働きかけ続けた。2010年以降は双方に拘束されていた国民の釈放の仲介を行うことで、緊張緩和と信頼醸成に努めてきた。こうしたオマーンによる仲介が長年続けられるなか、2013年にイランで穏健派のロウハーニー政権が発足したことで一気に事態が動き出すことになる。カーブース国王はロウハーニーの大統領就任後すぐさまイランを訪問し、会談を行った。その2カ月後、米国とイランの間で核交渉が開始され、およそ2年間の交渉の末、両者は歴史的な合意に至った。オマーンの役割は対話の開始のきっかけを作り出すことであったが、それが可能であったのは長年の仲介の実績からオマーンが双方に信頼されるパートナーとなっていたからであろう。

オマーンがこうした中庸外交をとるようになったのは、1970年以前に「オマーン問題」で孤立したことに対する反省の念が作用している（第24章参照）。当時のオマーンの状況をよく知る元政府高官は、国際的にも地域内でも孤立するなかで隣国から反体制派への支援が流れ込んでおり、厳しい内戦を経験したこと、また、周辺国に国家承認を求め、アラブ連盟や国連への加盟のために多くの外交努力を費やしたことを思い起こしながら、二度とこのような事態に陥らないことが当時の世代の共通理解であったと述べていた。カーブースが父親に対してクーデターを起こした理由の一つは、鎖国状態にあったオマーンの将来に危機感を募らせたからである。オマーンの穏健ながら強い平和主義への意思は、合理的な外交政策というよりも、厳しい時代を生き抜いてきた個人の信念に近いものかもしれない。

（村上拓哉）

34

ポスト・カーブース問題

★「誰」が「どのように」継承するのか★

組織というものは偉大な指導者がいなくなった後に大きな問題が待ち構えているものである。これは組織の大小を問わず当てはまる公理であろう。まずは、指導者が不在になった後、誰が後継者になるかを巡って争いが起きるだろう。さらに、後継者は前任者の残した遺産を十分に活用できるだけの器量があるかを試されることになる。国家においても同じことが言える。オマーンの近代化を一から成し遂げ、50年近くにわたって君主として大きな権勢を振るってきたカーブースの後、いったい誰がどのように王位を継承するのか。こうしたオマーンにおけるポスト・カーブース問題の深刻さについては、国内では話題にすることができないため、主に国外で活発に議論されてきた。

オマーンには他の君主制国家と異なり皇太子がいない。これは皇太子の座が一時的に空位になっているという意味ではなく、皇太子を置く制度自体がオマーンには存在しないのである。国家基本法によると、後継者は国王が死去した後に王族評議会の合議で決定することになっている。そして、もし3日以内に王族評議会が合意に至らなかった場合には、前国王が生前に書簡にて指名していた人物を王位に就けることになっている。皇太

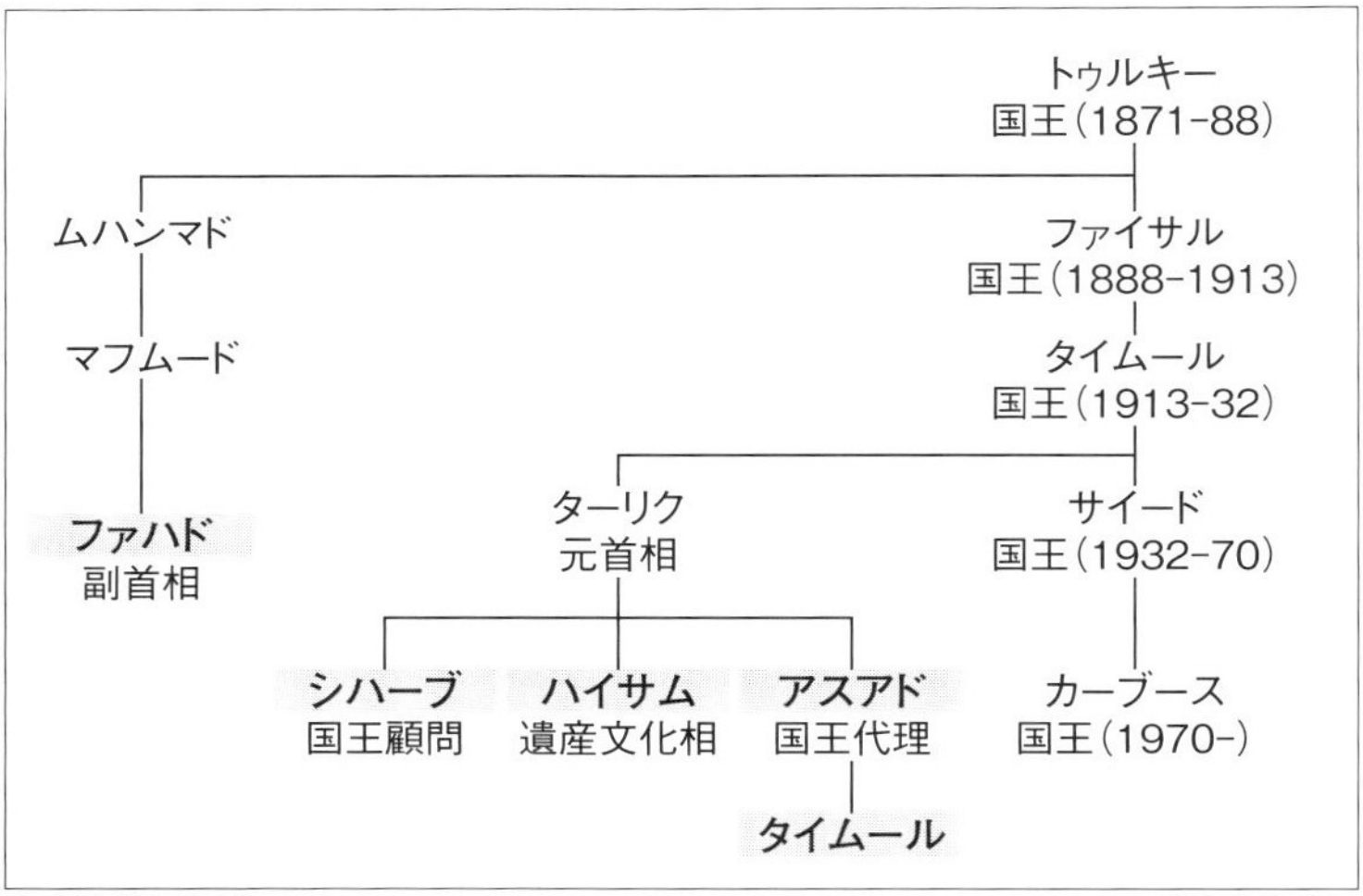

有力後継者候補　［筆者作成］

子が制度上不在ということもさることながら、後継者指名において現国王の意思よりも王族評議会での合議が優先されるというのも珍しいと言えよう。

国家基本法は1996年に制定されたものであり、王位継承に関する国家基本法の規定が実際に適用されるのはカーブースの死後が初めてとなる。例え制度上皇太子が置かれていなかったとしても、優秀な息子がいれば、彼が王位を継承すると予測することは十分に可能だろう。カーブース自身は宮廷クーデターにより父サイードを追い落としたことで王位に就いたが、カーブースはサイードの一人息子であり、事実上の後継者として周囲にも目されていた。その前3代も、現国王から息子への父子継承が続いている。しかし、カーブースには息子がいないため、これまでのような父子継承の流れは途絶えることになる。そのため、誰が後を継ぐのか予測することが困難になっている。

一般に、カーブースの後を継ぐ可能性があると

見られている人物は、3人に絞られている。いずれもサイード前国王の弟のターリク元首相の息子で、アスアド国王代理、ハイサム遺産文化相、シハーブ国王顧問の3人だ。カーブースにとっては従兄弟にあたる。アスアドは陸軍で、ハイサムは外務省で、シハーブは海軍でそれぞれ経験を積み、早いうちに頭角を現した。国外の首脳会議に国王の代理として出席することも多く、将来の王位継承に向けて各人に準備をさせているという見方もあった。この3人を除くと、彼らより王族内の序列も上位で副首相という要職に長年就いているファハドが後継者候補として取り沙汰されることがあるが、血縁的にカーブースの系譜と遠く、王位に就く可能性は低いと言われている。また、若い世代としてアスアド国王代理の息子のタイムールに注目が集まったこともある。

ところが、2017年3月、カーブース国王はアスアド国王代理を国際関係・協力担当副首相に任命し、国王特別代理と兼務させることを決定した。副首相の任命は過去47年のカーブース政権下で4人目のことであり、1994年にファハドが閣僚評議会担当副首相に任命されて以来、23年ぶりのことである。また、役職名も国王代理から国王特別代理に変更されており、そこには何らかの意図があることを読み取れよう。確かなことは分からないが、この人事は事実上の後継者指名を意味しているのかもしれない。

しかし、仮に後継者が確定したとしても、それはポスト・カーブース問題の半分が解決したに過ぎない。すなわち、カーブースが持っていた権力をどのように次代に継承させるかという問題は残されたままである。第26章で見たように、オマーンの政治的な権力はカーブースの一手に集中している。カーブースが権限を占有することを多くの国民が受け入れているのは、カーブースを現代のオマーン

の発展を成し遂げたカリスマ的な人物として強く尊敬していたからである。これと比肩する実績やカリスマ性を持つ後継者候補が簡単に出てくることはないため、次の国王はカーブースが保有していた権限を分散させることを余儀なくされる可能性が高いだろう。

この権限分散の過程において、オマーンの政治体制が変わることもありえよう。一つには、国王の権限を最大限縮小させ、立憲君主制への移行を目指していく道がある。国王は象徴として君臨し、日常の政治からは距離を置くというスタイルだ。このとき、首相や閣僚については、議会選挙の結果で決める議院内閣制を導入するという方策も考えられる。もっとも、これは君主の政治関与を完全に制限するものではなく、同じ中東の君主国であるヨルダンやモロッコのように、議院内閣制を導入しながらも重要な政治案件については国王に決定権を残す政治体制をとることもできる。

もちろん、変化は最小限にとどめ、次代の国王も首相を兼任し、国政の大部分に携わり続けるというシナリオもありうる。しかし、カーブース同様の政治権力を新国王が保有し続けた場合、国民の不満は直接国王に向かうリスクを抱えることになる。２０１４年以降、オマーン経済を支えてきた石油産業は原油価格の低下と埋蔵量の頭打ちにより低迷しており、経済・財政ともに厳しい状況にある。今後、こうした状況が新国王の下で更に悪化したとき、近代化されたオマーンの姿しか知らない大半の若者の忍耐度は、カーブースの時代の国民と比べると格段に低くなっていることには留意すべきだろう。

（村上拓哉）

35

海外資本を呼び込もう

★不動産法改正の意図★

脱石油依存経済に向けての政策の一環として（第37章参照）、オマーンは１９９０年代から海外からの投資を促進し、魅力的なビジネス環境作りを展開してきた。その一つが不動産法改正による海外資本の呼び込みである。湾岸諸国では、バーレーンやＵＡＥ（とくにドバイ）がいち早く不動産市場を外国人投資家に開放していた。不動産開発ブームに沸く隣国を横目に、オマーンでも２００２年末、それまで国民にしか認めていなかった不動産所有をＧＣＣ国民に拡大した。そして２００６年、土地に関する法律の大幅な改正に踏み切る。観光省が統合観光コンプレックス（Integrated Tourism Complexes：ITC）として指定する区域であれば、目的が居住あるいは投資を問わず、そして個人あるいは法人を問わず、土地所有権がすべての外国人にも拡大されたのだ。

観光省によると、建設中のものも含めて、２０１６年末現在、国内のＩＴＣは13カ所ある。ＩＴＣの先駆けで、もっとも人気のあるマスカト空港近くのAl Moujの場合、海に面した広大な敷地にアパートやヴィラが立ち並ぶ。２０１５年までに４０００戸が建設されたが、需要は高く、数年来拡張に拡張を重ね

ITC の Al Mouj のマスタープラン　[http://www.almouj.com/masterplan/]

ている。敷地内にはスーパーやレストランが入ったモールや、ゴルフ場、ヨットやボートの係留港も備わっている。外部から食事や買い物だけの利用も可能なので、人の出入りは多い。2016年末現在、寝室1部屋のアパートが約10万リヤールからあるので、中流階級であれば手が出せない金額ではない。とはいえ、5年前なら半額以下で販売されていた物件である。そのため投資目的で購入する外国人も多く、そのなかでも隣国のアラブ人がもっとも多いのだという。数年前まではオマーン人のあいだでも、価格上昇の著しい Al Mouj（当時は The Wave という英語の名称だった）の話題はしばしばあがっており、わたしもオマーンに行くたびに何度も購入を勧められたものだ。

実はこの法改正は、投資以外の面でのインパクトも大きかった。というのも、ITCに不動産を購入すると、更新可能な滞在ビザも取得できるからである。そしてその滞在権は土地所有者のみならず、近親者にも与えられる。しかも不動産の相続も可能だ。これにより、オマーンで働く中流階級以上の外国人がこぞってITCに不動産を購入した。彼らは単身で出稼ぎに来ている低賃金労働者と異なり、家族連れでオマーンに長期滞在しているため、自らの雇用のみならず家族の滞在ビザや子供の教育など、抱える不安材料は多い。外国人である彼らはオマーン政府か

らなんのサポートも得られない以上、会社に突然解雇されてもオマーンに滞在できるよう、永久的滞在ビザを「購入」しているのである。滞在ビザがついていない一般の不動産に比べれば相場はだいぶ高いが、将来の安全性確保のための投資である。銀行のCEOを務める知人のインド人は、異なるITCにヴィラを1軒ずつ購入し、それぞれ賃貸に出している。自分が銀行に勤めているあいだは会社が用意した住居で暮らす一方で、「オマーン政府を信用していないし、なにも期待はしていない。ITCに家を買うのはわれわれ外国人にとって保険のようなものなのだ」と言っていた。

オマーンでは、ITCに不動産を買えるような比較的裕福なインド人が近年そのプレゼンスを高めている。オマーンは過去数世紀にわたり非アラブ系財閥がオマーンの経済を担ってきたが（第38章参照）、現在のオマーンで一、二を争うバフワーンやズベイルといった財閥も南アジア系オマーン人である。これらのグループ企業ではCEOやマネージャーにインド人が登用されることが多い。中流階級のインド人は英語力に優れ、大学を卒業し自国で技術と経験を積んだ専門家である。オマーンの企業でも重宝され、マネージャークラスになれば住宅費や子供の学費が会社から支給される。こうした手厚い待遇は同じ民間企業で働くオマーン人から羨望の対象となっているのと同時に、アジア系外国人が自国民より恵まれた待遇を受けていることに不満が集中しているのである。

一方、オマーン政府は外国人に滞在権を与えるのと引き換えに、外国人による国籍取得の条件を厳格化している。2014年、約30年ぶりとなる国籍法の大幅改正に踏み切ったのだ。従来の規定では、外国人がオマーンの国籍申請をするために必要な連続滞在年数は15年だったのが、今回の改正で20年に引き延ばされた。それだけではない。国籍取得に必要なアラビア語の習熟度についてもレベルが上

げられた。従来の規定では、「読み書きに熟達」という文言だったのが、今回の改正法では、そこに「会話能力」も加わったのだ。

もとよりこうした中流階級のインド人のような長期滞在外国人からは、オマーン国籍取得に対する要望の声はあがっていた。ブルーカラーの出稼ぎ男性単身労働者は数年働いたのち出身国に戻るため、彼らにオマーン国籍取得のメリットはない。二重国籍を認めていないオマーンでは、オマーンの国籍取得が自国の国籍の放棄につながるからである。ところが中流階級のインド人はオマーンに家族で移住し、比較的安定した地位を築き、現在は二世も誕生している。今回、不動産取得の門戸を外国人にも開放したことにより、外国人は出身国の国籍をキープしたまま、オマーンに滞在し続けることが可能となった。子弟らはオマーンで生まれ育ち、自身のナショナル・アイデンティティがあいまいな世代である。短期でしか訪れたことのない「祖国」であるインドより、生まれ育ったオマーンの国籍を選択するときが来るかもしれない。そのときのために、政府側は国籍取得の条件を厳格化し、水際で攻防しているといえよう。

いずれにせよ、海外からの不動産投資に向けた政策は成功を収めているといってよい。オマーンの魅力は、伝統的文化が残り、美しい自然が楽しめるところだけでなく、湾岸諸国のなかでも比較的政治が安定していることと無縁ではないだろう。なにより、日本人にも似た、控えめで純朴なオマーン人の人柄こそが、最大の魅力ではないだろうか。

（大川真由子）

36

日・オマーン関係

★人物から見えてくる日本とオマーンの絆★

日本とオマーン。この2カ国にいったいどう関係性があるのか即答できる人は、日本人のなかにそうはいないだろう。サッカー好きであれば、W杯のアジア予選でよく対戦している国だと思い出すかもしれない。経済に関心が強い人であれば、日本の石油・天然ガスの輸入元の一つであると知っていることだろう。スーパーの野菜売り場でオマーン産のいんげんが売られていることを思い出した人は鋭い観察力の持ち主だと言える。事情通の人だと、かつてオマーンの国王が日本人女性と結婚して神戸に暮らしていたこともご存知だろうか。東日本大震災の際には多額の義捐金を拠出してくれたほか、被災地の企業に浄水器を発注し、それを被災地で使用してからオマーンに届けてくれていいと提案した企業がいたという話が美談として広く報道されたこともある。

日本とオマーンの歴史的なつながりや、政治・経済関係、文化交流、その他右に書いたようなエピソードについては、既に日本語の書籍でも何度か紹介されている。比較的最近出版されたものでこうしたエピソードにも富んでいるものとしては、森元誠二『知られざる国オマーン――激動する中東のオアシス』

と、遠藤晴男『オマーン見聞録──知られざる日本との文化交流』の2冊が出色の出来だろう。この書籍の著者は、いずれも実務家として日・オマーン関係の発展に尽力してきた人である。

『知られざる国オマーン』の著者である森元誠二氏は、外務省の外交官として、2008年から2011年まで駐オマーン日本大使を務めた人物である。日本とオマーンの間に国交が樹立したのは1972年のことであり、日本にオマーン大使館が設置されたのは1979年、オマーンに日本大使館が設置されたのは1980年のことである。1983年に初代駐オマーン大使が任命されてから、森元氏はちょうど10代目の大使にあたる。この間、日本とオマーンは恒常的に友好関係にあり、双方の政治協力、経済協力は着実に進展してきた。

森元氏が大使としての任期中に二国間関係の発展のために尽力したことは言うに及ばないことであり、その功績は駐オマーン日本大使としては2人目となる勲一等ヌウマーン章をカーブース国王から直々に受賞したことからも分かる。特筆すべきは、オマーンを離任してスウェーデン大使になった後も、東京で開かれたオマーンのシンポジウムに参加する程のオマーンへの入れ込みようを見せたことであろう。このシンポジウムは東京大学の「スルタン・カブース中東研究寄付講座」が開いたイベントであったが、同講座は森元氏が大使在任中に実現させたプロジェクトである。講座を統括するため東京大学には中東地域研究センターが設立されたが、オマーンからの支援で日本の若者が中東地域について学べる新たな拠点ができたことは、次世代の中東理解を深めることに大きく貢献するだろう。

もう一方の『オマーン見聞録』の著者である遠藤晴男氏は、石油企業を定年退職した後にＪＩＣＡの専門家として1992年にオマーンに来訪し、92年から95年、97年から98年の計4年間、商工省の

顧問としてオマーンの産業開発や経営者育成に貢献した人物である。日本政府は、石油・天然ガスの供給国であり、ホルムズ海峡を擁するオマーンの安定化は日本の発展にとっても重要であるという観点から、1970年代半ば以降、ODAを通じて技術協力や無償資金協力を続けてきた。所得水準の向上によりODA対象国から外れる2013年までに延べ610人の研修員をオマーンから日本に受け入れる一方、日本からも延べ185人の専門家がオマーンに派遣され、産業振興や環境保全などで協力を進めてきた。遠藤氏もこうして派遣された専門家の一人である。

日本がオマーンにODAとして供与した額は累計で約150億円と、決して大きな規模ではない。しかし、オマーンの近代化事業に多くの日本人が関与し、それを支援してきたことは、二国間に豊かな人物交流を生み出すことになった。遠藤氏が商工省顧問をしていた時代の教え子だったアリー・スナイディー氏は、現在商工大臣を務めている。そしてスナイディー氏は日・オマーン間の経済関係および相互理解の促進への寄与が評されて、2016年に旭日重光章を受賞している。なお、遠藤氏もオマーン側からその功績を評されて、2007年に日本人として初めて勲一等スルタン・カーブース教育・科学・芸術章を受章している。

遠藤氏は日本帰国後も日・オマーン関係の発展に私人として貢献を続けており、2010年には草の根の友好団体として「日本オマーンクラブ」を有志とともに立ち上げた。同クラブはオマーンへの理解を促進させるイベントを実施しているほか、ラマダーンの時期には日本に留学に来ているオマーン人を集めてイフタール（断食後、最初に食べる食事）の会を開いたり、日本中東学生会議や日本GCC学生協会といったインターカレッジの学生団体のオマーンとの窓口になったりと、若者に対して手

厚い支援を行っている。また、同クラブで両国の学生同士の交流会を主催するなど、日・オマーンの若者の人物交流のプラットフォームの役割も果たしている。

森元氏や遠藤氏のようにオマーンに惚れ込み、両国のために尽力したいという情熱を持つ愛好家は少なくない。こうした人物を中心に日本とオマーンの間に人的なネットワークが構築されており、そしてそのネットワークは次世代にも継承されようとしている。日本人とオマーン人の間にある深い絆がこれからも結ばれ続けることが、二国間関係にとって最も肝要ではないか。そのネットワークの末端にいる者として、私はそのように考える。

（村上拓哉）

37

脱石油依存への道

★経済開発戦略★

オマーン中部の海岸部にあるドゥクムでは、現在大きな臨海型の工業都市の開発が進められている（第32章参照）。開発は1990年代から計画されていたが、2011年の段階で政府が発表した計画では、10年間で100～150億ドルを投資し、製油所や石油化学プラントなどの石油関連産業を軸とする一大工業都市をつくる予定になっていた。現在では飛行場ができており、港の建設も進んでいる。鉄道を建設し、他のGCC諸国と鉄道で結ぶことも検討されている。計画を進める中で中国との協力関係が進み、2017年4月にはドゥクムで「中国オマーン工業団地」の起工式が行われた。中国は2022年までに100億ドルを超える投資を行いドゥクムにいくつもの工場を建設する予定である。中国の投資を得てドゥクム工業都市の開発は大きく展開しようとしている。

かつてドゥクムは小さな漁村であったが、現在では、各種の開発事業が進められており、また、船舶修理用のドライドックが稼働を始めているなどで、人口はすでに1万人を超えている。2020年以降には人口が10万人になると想定されている。ドゥクム開発はオマーンにとっては巨大な経済開発事業で、そ

スールの天然ガスプラント　［筆者撮影］

の成否はオマーンの将来を左右するといっても過言ではないであろう。

オマーンは石油産業の開発と同時に、非石油分野の工業化にも力を入れてきた。１９７６年に始まった第１次５カ年計画の中では「石油への強い依存を軽減するために、非石油分野の工業化を進め、経済の多角化をはかり、民間部門の投資を強化する」と明記されているように、カーブース国王の統治の早い時期からオマーンは非石油分野の工業化に取り組んできたのである。

その背景にはオマーンならではの理由があった。財政と経済は石油収入に全面的に依存しており、財政と経済の観点からは石油産業が最重要産業であった。しかし、原油の確認埋蔵量が少なく、近い将来の資源の枯渇化が懸念されており、経済の多角化を進め石油に依存しない経済への転換を急ぐ必要があったことが第一の理由である。しかも、原油の生産量が少なく、経済の発展のためには石油以外の経

済分野を拡大する必要があったのである。また、オマーンでは自国民人口が多く人口増加率も高かったため、自国民の雇用機会を確保する必要性からも工業化が必須と考えられていたこともある。

１９７０年代のオマーンでは近代的な工業は皆無で、工業化を進めるための基盤もないに等しかった。そのため、政府主導で工業化を進める必要があり、工業化の拠点として工業団地が作られることとなった。最初に作られたのがマスカト郊外のルサイル工業団地で、１９８３年に操業を開始している。発足当初の工場数は12で、セメント工場や建築資材、食品加工業などの分野の中小規模の工場が中心であった。工場数は少なかったが、ルサイル工業団地の開設でオマーンの工業化は第一歩を踏み出すこととなった。

80年代後半には地方の開発が重視されるようになり、地方の工業化にも力が入れられるようになった。オマーンは広い国土を持ち、地方に住んでいる国民が多い。そのため、地方の開発が内政上重要な課題になったからである。政府は、地方開発の要として地方に工業団地を造成しそこを拠点にして地方の工業化を進めようとした。90年代には、ソハール、ライスート（サラーラ市）、ニズワー、ブライミー、スールで相次いで工業団地が開設されている。

私は何回かオマーンの工業団地を訪問し工業化について調査を実施したことがあるが、それらの工業団地の中でもマスカトのルサイル工業団地と北部海岸部にあるソハールの工業団地では、ある程度の数の工場が立地・集積するようになっているのが見て取れた。とくに、ルサイル工業団地には２０１２年の段階で１５４の工場が立地し団地は満杯状態になり、そのために、ルサイルから少し内陸部に入ったところにサマーイル工業団地が建設された。オマーンでは70年代には近代的な工場はゼロに

近かったことを考慮すれば、ゆっくりとした歩みではあるが、少しずつ工業が発展していると評価することができよう。

ソハールには2010年にフリーゾーンも開設されている。フリーゾーンは、様々なインセンティブを設け外資の投資を進め、貿易と工業化を推進することを目的としている。ソハールは、ドバイやアブダビなどのアラブ首長国連邦のマーケットに近い。また、建設中のルブアルハリ砂漠を横断する自動車道が完成すれば、ソハールからサウジアラビアへの輸送の時間が大幅に短縮される。将来の発展が期待されよう。

しかし、全体的に見てオマーンの非石油分野の工業はまだ力不足で、経済の多角化を実現するまでには至っていない。ルサイルとソハールでは工場の集積が進んでいるが、それ以外の地方の工業団地では工場の立地状況ははかばかしくない。また、ルサイルとソハールの工業団地内で操業中の工場を見てみると、全て中小規模の工場で1000人以上の従業員が働く大型の工場は存在していない。オマーンは人口が少ない。アラブ首長国連邦などの周辺地域を入れても、工業品のマーケットは小さいのである。その他にも、サプライチェーンが欠けていることや労働力の人材不足などもあり、大型の製造業が発展する条件が整っていないのである。

工場の中には先進的技術を用いた工場もあるものの、中心は既存の汎用的技術を用いた輸入代替型の製造業で、輸出型の産業は少ない。それまでの路線では工業の発展には限界があり、工業が力強く発展し、経済の多角化を実現するためには新たな取り組みが必要となったのである。

また、オマーンは観光開発なども進めてきたが、ヨーロッパから遠い地理上の位置もあり、観光産

業の発展にも限界がありそうである。

そうした中でオマーンが注目したのが石油やガスを利用した工業化である。オマーンは産油・産ガス国であり、石油・ガス関連分野の工業化は比較優位があり将来性が期待される。石油会社のPDOは約9000人の従業員を抱えるオマーン最大の企業であるように、石油産業は経済で大きな役割を占めており、政府は経済開発を進める中で石油産業も重視してきた。1982年には、国営製油会社により、オマーンで初めての製油所がマスカトに建設され、石油分野の工業化が始められた。2006年にはソハールにも製油所が作られた。それらの製油所を持つ会社（Orpic社）はオマーン人を中心にして従業員数1600人を抱え、オマーン最大の工業会社となっている。

冒頭に紹介したドゥクムでの工業都市の開発は、石油産業と非石油分野の工業を合わせて工業化を推進しようとする新たな試みである。オマーンにとっては大きなチャレンジである。しかし、課題もある。石油化学産業を発展させるためには、原料となる天然ガスを確保する必要があるが、そのためにはイランやカタルからの天然ガスの輸入が順調に進む必要がある。2014年以来、原油価格は大幅な安値を続けており、オマーンの財政は厳しさを増している。低油価の厳しい環境下でドゥクム開発を成功させることに、オマーンの経済の将来がかかっていよう。

（福田安志）

38

移民に支えられた経済活動

★旧移民と新移民、インド系のプレゼンス★

日没近くの首都マスカトの商業地区ルイの町を歩いていると、南アジアにいるかのような錯覚に陥る。湾岸諸国はどこもアジアからの出稼ぎ労働者であふれかえっているが、オマーンはとくに南アジア系の割合が高い。しかもオマーンの場合、移民が経済を支えてきたのはここ数十年の話ではない。過去数世紀にわたり、非アラブ系財閥がオマーンの経済を担ってきたのだ。このような移民を旧移民、そして1970年以降の出稼ぎ労働者を新移民という具合に分けてみていこう。

インド洋交易の拠点のひとつであったマスカトには、18世紀以降、南アジア出身者が定住するようになった。そのなかでも、オマーンだけでなく、のちにオマーンが統治するようになる東アフリカ、ザンジバルの商業活動も掌握していたのが2つのインド系移民である。ひとつは、ラワーティヤと呼ばれるシーア派ムスリム（他地域ではホジャと呼ばれる）で、もうひとつはバンヤンと呼ばれるヒンドゥー教徒である。彼らは1970年に現スルタンが即位した際、オマーンの国籍を与えられた。現在のオマーンを代表するバフワーンやズベイルといった財閥も、こうした南アジア系オマーン人である。

ゴルフ場のキャディーとして働く移民
［2014年、筆者撮影］

これに対し、1970年以降オマーンに出稼ぎに来ている人びとをここでは新移民と呼び、区別しておく。というのも、旧移民がオマーン国民であるのに対し、新移民は外国人として扱われているからである。外国人の割合は1990年に18・7％だったのが、2015年には43・6％と急増している。おもな出身国は、インド、バングラデシュ、パキスタンで、これら南アジア出身者だけで外国人労働者全体の約9割を占める。次いで、インドネシア、エチオピア、フィリピンと続き、アラブ諸国出身者がそれほど多くないのがオマーンの特徴である。

オマーンに入国する出稼ぎ労働者は、入国および就労ビザを取得する際、オマーン国民（多くがその雇用者）に保証人になってもらわなくてはならない。これはアラビア語でカファーラ制度と呼ばれ、湾岸諸国共通のルールである。一般的に労働契約は2、3年ごとに更新されるが、滞在が長くなってもオマーンの国籍が付与されることはない。政府は短期間の雇用契約とカファーラ制度を組み合わせることによって、外国人労働者がオマーンに定住し、国籍を取得しないようコントロールしているのである。

非熟練労働者の長時間労働や低賃金、給料未払いなど過酷な労働条件は国際的にも批判されている。彼らの多くは労働者キャンプに寝泊まりし、寿司詰め状態の大型バスで建設現場に向かい、長時間炎天下で働く。女性の場合はメイドとして働くことが多い。オマーンの中流

オマーンの伝統的パンを焼く外国人メイド[2001年、筆者撮影]

以上の家庭には住み込みのメイドがいるが、フィリピン人メイドがもっとも評判がよく、賃金も高い。インド人やインドネシア人メイドも一般的だが、近年は各国大使館からの働きかけでメイドの最低賃金が値上げされた。しかもフィリピン人女性は住み込みではなくパートタイムのメイドや、より待遇のよいネイリストなどのサービス業に転身する者も多く、現在ではプレミアがついて探すのが難しいとオマーン人は不平をもらしている。

メイドの仕事は長続きしないことが多く、2年の契約で終了したり、契約終了以前に行方不明になったりするケースも少なくない。雇用者はメイドを雇う際、彼女のための往復航空券を購入し、人的資源省にメイドの登録料とビザ代金を支払い、さらにはメイド紹介業者に仲介料も支払わなくてはならない。東南アジア出身のメイドの場合、初期費用として合計1000リヤールほどかかるため、2年で辞められたり、ましてやその前に逃げられたりすると、雇用者には経済的な大打撃となる。こうした状況は民間部門で働く外国人労働者にも当てはまる。2年ごとの契約だと雇用主に対する忠誠心も芽生えない。よりよい条件が見つかり次第、すぐにでも転職したいと願う労働者は多い。たとえ企業が労力をかけて労働者を育成しても、すぐに辞めてしまうのである。

こうした状況に鑑み、政府も対策に乗り出した。2014年7月、雇用者からの同意書なしに2年以内に辞職し、国外に出た外国人には、以降2年間は就労ビザを発給しないという法令を出したのだ。

外国人が転職を繰り返したり、逃亡したりするのを防止するのが目的だが、オマーン人からは好評である反面、外国人のあいだでは不評で、同意書を偽造するケースが頻発するなどの事態も起きている。さらには、外国人の労働を統括する人的資源省と、外国人の入国管理をする警察の連携も取れておらず、現場での混乱が目立っている。

テイラーで働くインド系オマーン人　［2013年、筆者撮影］

外国人労働者はオマーンの経済を根底で支えているにもかかわらず、その法的権利は著しく制限され、日常生活においてオマーン人と交流する機会もきわめて限定的である（第49章参照）。だが、2012年、一部の外国人にとっては朗報となる画期的な法改正が発表された。オマーン政府は、観光省が定めた特定区域に不動産を購入した外国人に対して、更新可能な滞在ビザを発給することを決定したのである（第35章参照）。中流階級以上の外国人、とくに近年プレゼンスを高めているインド人がこぞってこの不動産を購入した。ブルーカラーに従事する単身の出稼ぎ労働者と異なり、家族とともにオマーンに移住し、すでにオマーン生まれの二世も抱える中流階級の外国人にとっては、念願の継続的な滞在権獲得である。

政府は経済発展のためには外国人労働者の存在が不可欠であることを認識しているがゆえに、いわばアメとムチの政策を実施しながら、国籍を与えない方針を貫いている。

（大川真由子）

39

失業対策が動きだす

★変わりゆく雇用制度と進まぬ自国民化★

近年、オマーンは深刻な雇用問題に見舞われている。2000年代に入り、失業率が一時14・4%にまで上昇したのだ。政府の雇用対策によって2015年春には11・8%にまで減少しているが、オマーン人であれば誰でも労働条件のよい公務員になれるという時代はとうの昔に過ぎた。ここにはどのような背景があるのだろうか。

1970年には労働人口の7%を占めるに過ぎなかった外国人労働者は、10年後には65%を占めるまでに急増、さらに1980~85年のあいだにその数は倍増した。こうした状況に対し、政府はオマーン人に対する職業訓練の財源を民間部門における外国人労働者課徴金から確保したり、部門ごとのオマーン人従業員の目標割合を決定したりと、労働力の自国民化に着手した。だが、給与や休日の少なさといった労働条件の悪さや、サービス業への抵抗感が原因で、民間部門のオマーン人化は想定した目標にはとうてい及ばなかった。オマーン人の若年層に対して、カーブースは1998年のナショナル・デーの演説において「すべてのオマーン人の若者は躊躇することなく、そして誤ったプライドを捨てて、こうした仕事を受け入れるべきだ」と述

べたほどだ。

事態が進展したのは２０００年代に入ってからである。２００３年に交付された労働法第11条は、可能な限りのオマーン人を雇用することを義務づけた。公的部門でのオマーン人化は順調に進み、ここ10年間はほぼ85％を維持している。公的部門での就職は狭き門となり、さらには２０００年代に入ると、民間部門のホワイトカラーも増加するオマーン人の労働人口を吸収しつづけられなくなってきた。政府は、民間部門における高い技術を必要としない、いわゆるブルーカラーの24の職種に対してオマーン人化を義務づけたほか、これを実現すべく、人的資源省を創設し、若年労働層を多様な産業に投入するための教育・訓練プログラムを開始した。同時に、民間部門へのオマーン人雇用支援として、週休2日制、年休、年金制度の標準化なども施行した。

その成果もあってか、２０００年代半ば以降、スーパーのレジ係や飲食店の従業員にオマーン人の若者の姿が多くみられるようになった。わたしがはじめてオマーンを訪れた１９９０年代後半には考えられなかった現象だし、他の湾岸諸国でもあまり目にする光景ではない。実はこうした低賃金のブルーカラーに従事している国民の多くは、いわゆるナショナル・マイノリ

人材登録総局　[2013年、筆者撮影]

表1　民間部門におけるオマーン人の割合

	2008年	2009年	2010年	2011年	2012年	2013年	2014年	2015年	2016年
オマーン人数	147,194	158,315	177,716	174,441	172,066	181,860	197,510	209,620	233,869
新規雇用者	29,445	24,983	32,390	49,376	18,391	18,079	24,590	24,223	—
退職者	53,204	48,217	56,715	72,524	58,828	46,132	54,143	61,660	—
外国人数	794,935	874,245	955,630	1,114,590	1,316,182	1,471,136	1,510,393	1,636,038	1,787,979
オマーン人率(%)	15.3	15.3	15.7	13.5	11.6	11.0	11.6	11.4	11.6

［オマーン国立統計情報センター発行の統計年鑑をもとに筆者作成］

表2　民間部門で働くオマーン人の低所得者推移

（RO：リヤール）

給与区分	2010年	%	2011年	%	2012年	%	2013年	%	2014年	%	2015年	%	2016年	%
120RO	46,860	26.4	—		—		—		—		—		—	
120～140RO	24,080	13.5	—		—		—		—		—		—	
140～160RO	31,506	17.7	—		—		—		—		—		—	
160～180RO	14,060	7.9	—		—		—		—		—		—	
180～200RO	12,096	6.8	84,576	48.5	56,057	32.6	—		—		—		—	
200～300RO	21,105	11.9	46,160	26.5	60,164	35.0	118,786	65.3	—		—		—	
300～400RO	9,678	5.4	17,840	10.2	22,781	13.2	25,807	14.2	49,182	24.9	66,739	31.8	74,924	32.0
合　計		89.7		85.2		80.8		79.5		24.9		31.8		32.0
平均基本給	228RO		313RO		350RO		378RO		599RO		643RO		—	

［オマーン国立統計情報センター発行の統計年鑑をもとに筆者作成］

ティの人びとである。具体的には、1970年以前からオマーンに居住しているパキスタン系のバルーチや、アフリカで生まれ、1970年以降にオマーンに戻ってきたオマーン人（第46章参照）、さらにはマワーリーと呼ばれる下層階級出身者である。彼らはオマーン生まれのアラブ系オマーン人と比べ、サービス業への抵抗感が低いといわれている。

ところがこうした傾向も2011年のいわゆる「アラブの春」を境に一変する。2012年民間部門における新規雇用者は、前年の4万9375人から1万8391人に激減した。一方で、外国人労働者の数は増加の一途をたどっているため、オマーン人の割合は低下したまま、2016年になっても状況は変わっていない（表1参照）。

「アラブの春」の影響によりオマーンで

求職者登録申請書の一部　［人材登録総局提供］

も民衆デモが何度か発生したが、彼らの要求は民主化の実現というよりは、雇用状況の改善であった（第31章参照）。もともと民間部門労働者の低賃金は社会問題になっていたのだ。２０１０年民間部門で働くオマーン人17万7716人のうち、月給が２００リヤール以下は全体の72・4％を占め、平均月給は２２８リヤールであった（表2参照）。とくに２００９年以降、急激にインフレの進むオマーン社会でこの程度の賃金では家族を養うことはできない。カーブースはこうした民衆の要求を受けて、民間部門に働くオマーン人労働者の最低賃金を月額１４０リヤールから２００リヤールに引き上げ、求職者に対しては雇用されるまでの期間、月額１５０リヤールの求職者手当を支給するなど、素早い対応を見せた。その後も段階を経て、民間部門で働くオマーン人の最低賃金は３２５リヤールにまで引き上げられたが、２０１６年の時点でも、月給４００リヤール以下の低所得者は民間部門で働くオ

マーン人の約3割にのぼる。

失業対策の一環として、2011年秋には日本の職安に相当する人材登録総局が創設された。翌年、政府が5万6000人分の雇用を創出し、そのうち3万6000は公的部門の職であることを発表すると、労働条件に不満をもつ民間部門の従業員が退職し、あらたに公的部門の職に申請する事態が頻発した。つまり、「アラブの春」以降の失業対策は、求職者や、現状に不満をもつ民間部門労働者に、それまでは狭き門であった公的部門への就職という希望を与えてしまったのだった。しかも「アラブの春」以降は求職者手当が支給されるようになったため、わざわざ悪条件の民間部門に就職する必要がないと感じている若者も多い。だから離職率も高いのである。2016年1月現在、新卒者が就職するまでの平均年数は3・5年というから、事態は深刻である。国立統計情報センターが2013年5月に18～29歳のオマーン人に対しておこなった意識調査によると、「すべての若者に職を提供するのは政府の責任だ」と感じている若者が多い反面、「公的部門への就職が公平なやり方で実施されている」と感じている若者が少ない。若者は、公的部門での就職にはコネが必要だと考えている、という結果がでている。

「アラブの春」以降、政府は公的部門を中心に雇用創出に努めているが、それが返って国民を甘やかすことになってはいないだろうか。民間部門のオマーン人化が遅々として進まないのは、こうした若者のメンタリティにその要因の一端があるのかもしれない。

（大川真由子）

コラム3

国王による地方巡幸
――オマーン政治の独自性

村上拓哉

　オマーン政治の独自性について語るとき、必ずと言ってよいほど言及されるのが、国王による地方巡幸、通称「ミート・ザ・ピープル・ツアー（Meet the People Tour）」である。君主が国内各地に出向き、特定の事業を視察したり、その地の住民と交流したりする行幸は、洋の東西を問わず広くみられる政治制度である。しかし、オマーンとその他の国との大きな違いは、オマーンではそれが政治的な一大イベントになっており、形式的な儀礼ではなく国家の安定において実質的な役割を担ってきたということだ。

　地方巡幸の政治制度化を実現したのはカーブース国王である。1970年にカーブースが国王に即位したとき、南部では内戦が、内陸部でも反乱の動きが燻っていた（第24章参照）。地方の部族勢力を中央に取り込むため、カーブース国王は自ら地方に足を運び、その地の部族長と地元の問題について協議したり資金の提供や開発の促進を約束したりと、政治対話を行った。また、地元の住民たちと触れ合うことにより、それまで「国王」の姿を見ることのなかった人々に、国王の存在を視覚的に認知させていったのである。今でも地方に行くと、巡幸時の国王に話しかけられた体験を畏敬の念をもって語る老人にそこかしこで会うことができるだろう。

　当初は数日間の訪問だった地方巡幸は、1990年代には年に1回、約1カ月間その地に滞在するというスタイルに変化していった。国王が長期間首都を不在にすることから、多くの閣僚も国王に同行して、現地で日常の政務を遂行している。地方では、国王は部族長など地元の

有力者たちと何度も会談し、要望を聴取する。そして、地方の開発計画という重要な政策が巡幸中に決定されるのである。例えば、大雨による水害の被害が出ているという訴えがあったときには、同席していた農漁業大臣に対策を講じるよう指示し、その数日後にダムを建設し農地を拡大する計画を発表したこともある。

興味深いことに、地方滞在中、国王とその随行員たちは荒野に立てたテントで生活をする。巡幸に同行したことのある初老の政府関係者は、テント暮らしは身に応えるが、国王も同じ生活をしているのに自分が不満を言うわけにはいかないと苦笑いしながら私に話してくれた。こうしたテント生活は、得てして贅沢な暮らしをしていると非難されがちな君主や政治家が質素な暮らしをしていることを地方住民の目に触れさせ、そのイメージを向上させようという目的があるのだろう。

しかし、こうしたオマーン独自の政治制度は、消滅の危機に瀕している。1981年に議会が設置されて以降、地方巡幸が持っていた地方の声を聞くという意義は、議会制度の発展とともに徐々に議会が担うようになっている。また、巡幸そのものも2013年を最後に一度も行われていない。もともとカーブースの個人的なカリスマに依拠していた制度であるため、彼の健康状態が悪化すれば、明文規定もないこの行事を実施することは難しい。次代の国王が地方巡幸を行うとしても、政治的な必要性が低減した今、他の国でも見られるような小規模なものに変わっていくのかもしれない。

Ⅳ

宗教と民族、
社会と文化

40

「オマーン人」の多様性

★多民族国家オマーン★

オマーンにはどんな人々が、どのように暮らしているのだろうか。これを知るためには、オマーン人の生活を理解すれば良い……と思っても、これは簡単ではない。第一に、オマーン人とは誰のことを指すのだろうか。というのも、オマーンは多民族国家だからだ。多民族国家であれば、どの民族に注目するかで、その国民の特徴も変わってくる。それだけではない。ここで「多民族国家」とは、公的と非公式の二つの意味で用いている。一つは国民が多民族で構成されているということ、もう一つは、国民ではない、「長期化した短期滞在外国人」（彼らを本書では「移民」と呼ぶ。詳しくは49章を参照されたい）が多く居住しているということだ。国民もまた多様な集団から構成されているが、移民もまた多様な民族から構成されている。ある国の人々の暮らしを理解しようとするとき、その国の国民にのみ注目すると、足をすくわれることがある。

まずは、国民の民族的多様性について見てみよう。民族の定義は複雑で、世界中の集団を画一的な基準で様々な民族に区分することはできない。ある時には言語が、ある時には宗

教が、また宗教の下位区分の宗派が、民族を区分する際の重要な要素となる。一般的には、アラビア語を母語とする集団はアラブ民族とされる。宗派に関しては、現在のオマーンでは、スンナ派とシーア派、それにイバード派のイスラーム教徒が国民を構成していることが公式に認められている（第41章参照）。また、オマーンはかつて東アフリカのザンジバルに領土を持っていたことがあり、そこから戻って来たオマーン人は系譜的にはアラブ人でありながら、現在のオマーン社会では独特な社会集団として「ザンジバリー」と呼ばれている（第46章参照）。同様に、現在のパキスタンのイランとの国境に近いグワーダルもかつてオマーンの領土だった時代があり、この地域出身のオマーン人はバルーシー（この単語は、グワーダルがあるバルチスタンに由来する）と呼ばれ、一つの民族（あるいは新たに生み出された部族――第28章参照）を形成している。さらには、南部のサラーラには独特な言語体系を持つジャッバーリー（アラビア語で「山」を意味する「ジャバル」に由来する）と呼ばれる部族集団も存在する（第48章参照）。このほかにも、財閥を形成して経済分野で力を見せるインド系オマーン人の集団や（第38章参照）、マトラフの一角に集住してコミュニティーを形成しているシーア派のラワーティーなどがある。

これらの民族集団や社会集団は、みなオマーン国籍を有しているオマーン人だ。観光客の視点でオマーン人を眺めれば、彼らはみな同じような伝統衣装を身にまとい、あまり違いはないかもしれない。しかし彼らはそれぞれ異なる文化を持っている。オマーン人であれば、部族名や言葉遣い、交友関係、居住地域などからおおよその人物がどの社会集団に属しているか推測できる。社会集団の違いは場合によっては微妙な問題を生み出し、差別ともなることもある。このように、オマーン人の内部で多

様な集団が政治的・経済的に複雑な関係を作り上げており、オマーン風の衣装を着たイスラーム教徒のアラブ人がオマーン人である、といった簡単な話ではない。

こうした国民の多様性に加え、移民の多様性がさらにオマーン社会を複雑なものにしている。オマーンには200万人ほどの移民が居住しており、これはオマーンの全居住人口のおよそ44％に相当する。ここでいう移民は上記のザンジバリーやバルーシー、ラワーティーなどとは異なり、オマーンの制度上「短期滞在外国人」に分類され、決して国籍を獲得することはできない集団を指す。オマーンでは、労働力の多くを移民に依存している。移民は一般的には2年程度の短期就労ビザを取得してオマーンに滞在するが、このビザを更新することでより長期にわたってオマーンに居住し続ける者もいる。彼らは単身で居住する者もあれば、配偶者を伴う場合もあり、子供があればインターナショナル・スクールに子供を通わせる。ただし、オマーンにおける帰化条件の一つが滞在期間20年以上となっていることから、移民がたとえ10年、15年滞在しても、オマーン国籍を取得することはできない。このため、彼らは短期滞在ビザを更新し続ける「長期化した短期滞在者」となる。オマーン政府は彼らを定住外国人として公的に認めておらず、あくまでも短期滞在者として取り扱っている。このため、彼らが長期にわたってオマーンに滞在し、オマーンの経済・社会で不可欠な存在になっていても、オマーン社会を構成する一員とはみなされていない。この意味で、彼らは「非公式」の多民族国家の構成要素といえよう。

移民は多様な国から来ており、彼らの中にも国籍に基づく分業体制——小売業や家事労働ではフィリピン人、金融や管理部門ではインド人など——や、そうした分業と関連して形成される階層など、

複雑な社会が作り出されている。移民を管理するオマーンの制度から見れば、彼らは一様に「非オマーン人」であるのかもしれない。しかし現実に存在する移民の多様性は、彼らがオマーンの中で生き抜く上で、同国出身者間での協力関係や、それに基づくセーフティネット（移民はオマーン政府から提供される医療や福祉サービスの対象外である）を作り上げることが多い。このため、移民は移民として一つの大きな集団を形成するというよりも、出身国あるいは出身地域ごとに小規模集団を形成する傾向が強く、各集団間の交流はあまり見られない。

人間が他者と社会的な関係を築くとき、どんな相手との間でも同じ関係が作られる、ということはまずない。自分と相手の間に存在する社会的・経済的地位、文化、言語、居住地、宗派など、様々な違いに基づいて、多様な関係を築く。このため、多民族国家であれば、人々の関係は民族が比較的均一な社会に比べて、より複雑なものとなるだろう。このような複雑な社会関係から生まれる多様な様相が、オマーンの特徴だろう。

（松尾昌樹）

41

オマーンにおける宗教

★多宗教の共存をめざして★

オマーン国　国家基本法

第1条　オマーン・スルタン国は、アラブの、イスラームの、完全なる統治権を有する、独立した国家である。

第2条　国の宗教は、イスラームであり、イスラーム法は立法の源である。

第17条　国民はみな、法の前に平等であり、同じ公的な権利と義務を共有する。何人(なんぴと)も、性別・出自・肌の色・言語・宗教・宗派・居住地、あるいは社会的地位を理由として、差別されることはない。

第28条　広く認識された習慣に従って宗教儀礼を実践する自由は、その実践が公序を乱さないもしくは良俗に反しないならば、保護される。

右は、1996年に公布・施行された、オマーンの憲法ともいうべき「国家基本法」のうち、宗教に関係する条文を訳出したものである。条文の中で明言されているように、オマーンはイスラームを国教とする。現在オマーンは、国民の

第41章

オマーンにおける宗教

ほぼ100%が、イスラーム教徒である。オマーンのイスラーム教徒は、そのほとんどがイバード派、スンナ派、シーア派のいずれかに属する。統治王族はイバード派に属するが、国家基本法第17条は、宗教・宗派を理由とする差別を禁止している。また、現在オマーンには、多くの非イスラーム教徒が、短期滞在者として生活している。第27条は、公序良俗に反しない限りにおいて、オマーンで活動するすべての人が、自らの信仰を保持し、その宗教儀礼を実践することを認めている。

イスラーム世界において多数派を占めるスンナ派は、オマーンにおいても多くの信者を抱えている。移民の流入により、現在オマーン国内のスンナ派人口は、イバード派とほぼ同じくらい、もしくはそれ以上になっていると考えられる。スンナ派を信奉する人びとは、南部のドファール地方や、マスカトからソハールにかけてのバーティナ地方沿岸部に多い。シーア派住民も、マスカトやバーティナ地方沿岸部に暮らしている。彼らの多くは、現在のイランやパキスタン、またインドにあたる地域からオマーンに渡来し、定住した者たちの子孫である。オマーンのシーア派の代表的な集団の一つが、マスカトのマトラフ地区に暮らす人びとだろう。伝承によれば、彼らの先祖は、現在のパキスタンのハイデラバードから渡来した人びととされる。彼らはもともとシーア派の一派であるイスマーイール派に属していたが、19世紀半ばに、12イマーム・シーア派に改宗した。18世紀以降のオマーンでは部族間の対立が激化していたが、ラワーティーと呼ばれるこの集団は争いから距離を置き、マトラフに城壁をもつ町を築き、その中に集住した。そしてインド亜大陸などからの商品の卸売・小売業に従事し、オマーンの繁栄を支えた。マトラフ・スークの発展には、彼らの貢献が大きい。スークに隣接するこの城壁都市「スール・ラワーティヤ」には、現在もシーア派の人びとが暮らしている。

オマーンにおけるイスラーム以外の宗教はどうだろうか。イスラーム成立後、ユダヤ教徒の数は減少していった。しかしながらユダヤ教徒は、地中海からインド洋にまたがる広大な交易ネットワークを有しており、オマーン湾を含むアラビア湾もそのネットワークに含まれていた。西暦9世紀後半から10世紀にかけて、イスハーク・ビン・ユフーダーという人物および幾人かのユダヤ教徒が、ソハールと中国との間の交易に従事していたことが知られている。また西暦12世紀のマスカトでは、ユダヤ教徒の集落が確認されており、さらに19世紀前半には、圧政を逃れてイラクからユダヤ教徒がマスカトへと移住してきた。ユダヤ教徒は、銀細工加工、両替などに携わっていたと報告されている。このほかユダヤ教徒は、19世紀半ばに、ソハールに農園やシナゴーグ（ユダヤ教会堂）、墓地を有していた。調査によれば、１９５８年の段階で２００基のユダヤ教徒の墓が確認された。

イスラーム成立以前のアラビア半島にはキリスト教も流布していた。オマーンの研究者の中には、キリスト教がイスラーム以前の支配的な宗教であったと考える者もいる。16世紀はじめにポルトガル人がオマーン湾に進出すると、彼らはマスカトやマトラフに城塞を建設し、その中に教会を建立した。現在でも、マスカトのミーラーニー城塞内には、当時の教会の遺構が残されている。１９７０年以降の「オマーン・ルネサンス」において、国内インフラ整備や家事労働補助のために、インドやフィリピンをはじめとして、海外から多くのキリスト教徒がオマーンの地を踏んでいる。現在キリスト教徒は、マスカト、ソハール、サラーラを中心に暮らしており、カトリックおよびプロテスタントの教会が公的に認められている。

そのほか、オマーンではインドからの労働者の中にはヒンドゥー教徒が、またスリランカからの

労働者の中には仏教徒がいる。彼らは、大使館やホテルなどで催される集会の場で、出身に関わるアイデンティティとともに、宗教的アイデンティティを確認し、また他者と共有する。さらにインターネット配信や本国等からもたらされたDVD・CD等の視聴を通じて、個人レベルで宗教実践をおこなう。そうした自らの信仰の保持と実践は、遠く離れた異国の地で働く人々の支えの一つとなっている。

イバード派、スンナ派、シーア派。そしてキリスト教、ヒンドゥー教、仏教。現在のオマーン宗教界のトップは、オマーンを含むイスラーム生誕の土地であるアラビア半島に、非イスラーム教徒が短期滞在者として暮らすことについて、好意的な態度は示していない。一方、オマーン政府は、「宗教的寛容」という考え方・態度のもと、諸宗教およびそれを信仰する人びとが、オマーンの地で共存できるような環境を整備している。宗教間対立、また宗派間対立とは無縁の現在のオマーン社会は、中東地域における人びとの宗教的共存・共生のあり方について、一つのモデルを提示している。

（近藤洋平）

42

オマーンの建築

★建物からみる社会★

オマーンは、日本と同じように、地域ごとに異なる多様な自然環境を有している。また、オマーンでは、古くから人びとが交流し、様々な文化や習慣が形成・導入された。人びとは自分たちの存在を、建築物を通じて表現してきた。伝統的なオマーンの建築は、その土地ごとの環境を生かし、保持する文化・習慣に適合したものであり、人びとの知恵と技術の結晶である。

オマーンの建築の特徴を、住居、宗教建築、城塞に分けてみていこう。住居について、例えばオマーン湾に面するバーティナ地方は、5月から10月にかけては、暑く湿った気候である。大地は昼暑くなり、冷たい海風が海上から陸地へと吹きつける一方、夜は気温が下がり、温度が一定で陸地より高くなる海上に向けて、空気が流れる。またこの地で利用できる建材は、主にナツメヤシや泥レンガ等である。そのため、海岸部に暮らす人びとは、家には冬用の部屋と夏用の部屋を設置し、冬用の部屋の壁は泥レンガ、夏用の部屋の壁は、ナツメヤシの葉状部を利用する。そして夏用の部屋を海岸側に作り、海岸に面する壁に葉状部の壁を配置することによって、海風が住居内に入るようにしている。このほか風採り塔や換気穴を設置し、室内の換

気を促し、温度調節をおこなっている。沿岸部の伝統的な家屋は、多くが一階建てである。

内陸部では、耕作不適地が住居区域として選ばれた。壁となる泥レンガを分厚くするとともに、2階建てにし、さらに家々を密集させて通りに影を作ることによって、強度を確保しつつ、夏の強烈な日差しや冬の寒さから生活環境を守っている。家の建設では、はじめに60センチメートルから1メートルほどの深さの穴を掘り、そこに漆喰などを流して基礎を作る。壁は、1階部分が80センチメートルほどで、階を上がるごとに少しずつ薄くする。壁の表面は漆喰が塗られる。一階の部屋の多くは、1室が3から4メートルの幅、3・5から4メートルの高さで設計される。上階の床と天井は、主に木とナツメヤシの葉状部で構成される。外気と接する天井・屋根の木は、腐敗・劣化するため、それらは定期的に取り替えられる。

オマーンの町は、ハーラと呼ばれる街区から構成され、人びとはこのハーラを活動の拠点とした。ハーラには通常、コーラン学校、モスク、またサブラと呼ばれ、結婚式や宴会などを催す集会場がある。さらにハーラの入り口には「腰掛け場所」があり、ハーラの住民はそこでおしゃべりをしたり、客を迎え入れたりする。家は、私空間として理解されている。客人を家で歓待する場合には、マジュリスと呼ばれる応接室を利用する。そしてこの部屋で、同性の家人と客人が談義や食事をする。住居が密集した区画では、女性が一人で通りを歩かなくとも、近隣の女性宅を訪問することができるような部屋・勝手口の配置がなされている。また木で作られた建物の門や窓は、質素な文様から、東アフリカ沿岸やインドから伝わった豪奢な彫刻が施されたものまで様々であり、「家の顔」の役目を果たしている。ちなみに家々が密集した村は、夏は耐えられなくなるほどに空気がこもる場合があるため、

夏はナツメヤシ園にある別荘に出かけ、冬の期間のみ村で生活する家庭もある。

宗教建築についていえば、伝統的な建材を用いたモスクは、質素なものである。オマーン人は、内陸部のモスクの様式は、イスラームの最初期から保持されたものであると考えている。モスクの壁は泥レンガで作られ、窓と出入り口がつけられている。天井は、木とナツメヤシの葉状部を組み合わせて張られている。聖地メッカの方向の壁には、ミフラーブと呼ばれる壁龕(へきがん)が掘られ、その周りを植物模様などのレリーフで飾る。モスクによっては、壁面に、イスラームの聖典コーランの章句が彫られているほか、ラワーズィンと呼ばれる、コーランや宗教書を置くくぼみが設置されている。大きな会衆モスクなどは、植物文様等の彫刻を施した化粧石で内部を飾る場合もある。伝統的なモスクには、高い塔はなく、礼拝の呼びかけ人はモスクの内部から屋上に上り、屋上から礼拝を呼びかけた。内陸部における宗教建築が質素である一方、シャルキーヤ地方からドファール地方の宗教施設の中には、独特の形状をもつものがある。例えばシャルキーヤ地方のジャアラーン・バヌー・ブー・アリーには、屋上に52のドームを備えた会衆モスクがある。またドファール地方のミルバートにあるムハンマド・ビン・アリー廟は、ハドラミー様式と呼ばれる、南イエメンの影響を受けた建築物として有名である。

オマーンの特徴的な建築物として、城塞とその付属施設を挙げることができるだろう。その起源がイスラーム以前にも遡るともされるユネスコ世界文化遺産のバフラー城塞や、ポルトガルの支配時代に建てられたマスカトのジャラーリー、ミーラーニーの両城塞は、その代表例だろう。それらの城塞は、軍事、治安、また行政上の目的で建設された、機能性を重視する建築物であり、堅牢である一方、外見の豪華さは追求されていない。いくつかの建物は、為政者の住居としても利用され、内部はイス

ラームの規定に従った装飾が施されている。多くの城塞にはモスクが付属するほか、いくつかの城塞には図書室も設置されている。また高台には監視塔が設置され、町を囲むように土塁が築かれている。

近代化の進展による生活の向上により、マスカトをはじめとする都市部はもちろんのこと、内陸部の村においても、近代的な建材を用いた住居、宗教施設の建設が導入されている。オマーン政府は、新規の建築物の施工にあたって、デザインが従来の景観を損なうことがないように、一定の建築基準を設け、施工を審査している。また伝統的な建築物を修復・復元する、あるいはそのようなデザインを持つ建物を建設することによって、人びとはオマーンの地で花開いた建築技術や建築文化が、次の世代にも伝わるよう努力している。

（近藤洋平）

43

オマーンの伝統衣装

★インド、アフリカ、アラブの融合文化★

現在、都市部の女性はアバーヤと呼ばれる黒いコートと黒いスカーフを着用するのが一般的だが、農村部では膝丈のチュニック、長ズボンとスカーフという衣装を日常的に着用している。都市部の女性でも、イード（宗教祭）などで村に帰省する際には伝統衣装を着る機会はある。

伝統衣装は色彩豊かで精巧な刺繍が施されているのが特徴だ。オマーンではチュニックをディシュダーシャ（男性用の伝統衣装と同名）、ズボンをスィルワールという。スィルワール（日本では「サルエル」パンツと呼ばれる）という名称はインド起源で、チュニックとズボンの組み合わせは、南アジアの民族衣装の影響を受けている。スカーフの名称は形状や地域によってさまざまだが、オマーンでは「ラハーフ」がもっとも一般的に使われる用語である。とくに日常的に家庭内で使用されている綿製のものを「ライース」、薄手の生地でフリンジがついている外出用を「ワカーヤ」と言及することもある。

チュニック＋ズボン＋スカーフ、これが基本の三点セットだが、色の組み合わせ方は地域によって異なる。たとえば、わたしが住んでいた東部のシャルキーヤ地方ムダイリブ村では、チュニッ

男性の帽子クンマ

［2013年、筆者撮影］

男性の正装。頭に巻くターバンと同じ布を腰に巻き、銀製の短剣を差す

［2000年、筆者撮影］

クとズボンは対照色、スカーフはズボンと同系色というルールがある。よく着ていた組み合わせは、緑のチュニックにピンクのズボンとスカーフ、あるいは赤のチュニックに紫のズボンとスカーフという、日本にいたら決してやらない色の組み合わせである。これに対して、この3点を同系色で統一というルールの地域もある。ベドウィンの女性はこのほかに、ブルクウという面紗をつける。

チュニックやズボンの生地自体がカラフルな柄物なのだが、チュニックの袖口や襟元、ズボンの裾には、銀糸と黒・赤などの色の糸で編まれた帯状の刺繍パーツをつける。かつてはこの刺繍部分もすべて手作りだったが、現在はインド製の既製品を購入し、チュニック本体に縫い付けている。チュニックの生地は1メートル3リヤール程度からあるが、刺繍パーツは値が張るもの（くるぶしの部分だけでも10リヤール程度）なので、取り外して新しいチュニックを仕立てるときに再利用する。

村では、イードや結婚式といった特別の行事のたびに衣装を新調する。そのため、この時期になると母親たちは衣装作りに忙殺される。市場で仕入れた生地は、指を開いて計測してから裁断する。メジャーは使わない。女性は、裁断した生地を持ち寄っておしゃべりしながら裁縫をするのが村の日課である。

家のなかや村内の外出であれば、ライースという綿製のスカーフを使う。150×110センチの同じ絵柄が2枚プリントされた形で売られており、一枚

オマーン東部の伝統衣装。結婚式参列のためのドレスアップ［2004年、筆者撮影］

イード用に新調した衣装［2001年、筆者撮影］

ずつに切り離して使用する。ただし、年長の女性は切り離さず、大きいまま使用することで身体の線を隠す。ライースは東アフリカからオマーンにもたらされたもので、そこにはスワヒリ語のことわざがプリントされている。オマーンではライースのことをスワヒリ語でカンガと呼ぶ者も多い。

オマーンは、エジプト都市部のように女性が一時期スカーフを脱いだ時代（20世紀半ば）を経験していない。だが、1970年代の写真をみると、スカーフをきっちりと被っていたわけではなく、生え際から頭頂部にかけては髪がみえていた。外出時アバーヤを着るようになったのもこの頃からである。現在は村落部でも村から出る際には伝統的衣装のうえにアバーヤを着る。こうした変化は学校における宗教教育の普及が影響している。また70年まで鎖国状態にあったオマーンでは、外界の状況を知る術がなかった。80年代になってようやくテレビを通じて近隣諸国のファッションやイスラーム世界全体の状況を知ることが可能になった。地理的に近いイランで起こった革命（1979年）の影響もあり、オマーン人女性は以前よりしっかりと髪を覆い、アバーヤを着用するようになったのである。

一方、男性の伝統的衣装はディシュダーシャと呼ばれ、地域差はほとんどない。長袖、くるぶし丈のゆったりとした白いワンピースという点では湾岸諸国共通だが、襟元のデザインが国ごとに異なっている。カタールではワイシャツ襟、クウェートは立て襟なのに対し、UAEの一部とオマーンは丸首襟に飾り房がついていて、その先に香水をつけて香りを楽しんでいる。ディシュダーシャはほとんどが

ベドウィン女性の面紗
［2009年、筆者撮影］

オーダーメイドで、最高級品は日本製の生地でしつらえたものである。真っ白な生地なので透けないよう、その下には腰巻きかステテコのようなズボンをはいたり、足下は素足にサンダルを履いたりするのは湾岸共通である。隣国と決定的に異なるのが被り物だ。アラビアのロレンスのように頭に大きな布を被るのとは異なり、オマーンではクンマという刺繍帽のうえにマサッルというターバンを巻き付けるのが正式である。カジュアルな場面ではクンマだけでもよい。正装の場合は、ディシュダーシャのうえからビシュトという黒い薄手のコートをはおり、ハンジャルという銀製の短刀を腰に巻きつける。

最近では若者が洋服姿で外出することも珍しくなくなったが、ディシュダーシャは国民服に定められているので、オマーン人であれば勤務時は白色のディシュダーシャを着用しなくてはならない。近年、この男性用伝統衣装が国民アイデンティティの源泉として語られる風潮にある。外国人にはその着用が禁止されているほか、２０１５年には、オマーン人の国民アイデンティティを損なうようなデザインを施した伝統衣装の輸入を禁止する省令が出された。たとえばクンマに関しては、伝統的なものは白地の帽子に美しい手刺繍が施されているが、色ものの生地に粗悪な刺繍が施されている輸入品の「偽物」が市場に出回っていることが問題視されている。他方で、変化しやすく地域差の大きい女性の衣装が国民アイデンティティとの関連で議論されることはない。外国人人口が増加の一途をたどるオマーンでは、男性の伝統衣装が国民アイデンティティを醸成・強化するためのアイテムのひとつとなっているのである。

（大川真由子）

44

オマーンの現代ファッション事情

★イスラーム的におしゃれを楽しむ★

湾岸女性の代名詞ともいえるような全身黒ずくめの衣装。これは1970年代以降登場した新しい衣装である。それ以前は、チュニックとズボンにスカーフを組み合わせた色鮮やかな伝統衣装が着用されていた（第43章参照）。現在でも村落部ではこうした伝統的衣装が一般的だが、村の外に出かけるときには、そのうえにアバーヤという薄手のコートをはおる。逆にいうと、70年以前は、女性の移動は村内に制限されていたので、アバーヤのような外出着は必要なかっただろう。

現在、都市部においてアバーヤの下に着るのは、ジャラビーヤとかディシュダーシャと呼ばれる長袖のロングワンピースである。これはテイラーで作ることが多い。若い女性は、欧米のファストファッションのトップスとパンツあるいはスカートという組み合わせが一般的だ。外出先でも基本的にはアバーヤを脱がないから、アバーヤの下におしゃれ着を着る必要はないし、体の線がくっきり出るような洋服であっても問題ない。女性がもっとも注力するのはアバーヤである。意匠を凝らしたアバーヤこそが贅沢なおしゃれなのだ。

経済的に余裕がある女性は、ショッピングモールに入った

バーレーン式アバーヤ
［2013年、筆者撮影］

高級アバーヤ専門店で購入する。代表的なのは、湾岸で店舗を展開するアル＝ムタハッジバやハナーイエンというブランドである。装飾なしの無地のアバーヤだと30リヤール程度からあるが、クリスタル付きやプリーツが入ったデザインだと最低でも１００リヤールはする。アバーヤとスカーフはおそろいで購入するものなので、両方合わせると相当な金額になる。店で購入したプレーンなアバーヤに、追加料金を払ってスワロフスキーのクリスタルなどで装飾をつけるセミオーダーも可能だ。

だが、この手の店で購入できる女性はそう多くはない。大多数は、首都マスカトや隣国ドバイのスーク（市場）で、アバーヤ生地とスパンコールやクリスタルなどのパーツを安く仕入れ、地元のテイラーにもちこむ。ドバイはマスカトから片道4時間の距離で、しかもマスカトに比べて品ぞろえが豊富で価格も安いため、週末を利用して買い物に行くオマーン人は多い。テイラーが立ち並ぶマスカトのマトラフ地区の場合、生地をもちこめばプレーンタイプのアバーヤで8リヤール、デザインもので25リヤールが相場だというから、モールに入っている高級店で買うよりだいぶ安く済む。

それでは、客はどのように自分の好みのデザインを伝えるのだろうか。オマーンではほとんどのスマートホン利用者がインスタグラムという画像共有アプリを使っている。利用者はインスタグラム内でアバーヤの画像を検索し、流行のデザインのなかから自分のお気に入りをみつけ、テイラーに直接見せるのだ。

色つき、柄物のアバーヤ
［2016年、筆者撮影］

湾岸では、クウェートが流行の最先端で、そこで流行ったものがＵＡＥ、サウジと伝播し、最後にオマーンにやってくる。かつて「髪を盛る」ことで後頭部を大きく見せるスタイルが流行したときもそうであった。当初、クウェートでは５００ミリリットルほどのヨーグルトの空き容器をお団子にした髪にかぶせて、サイズアップしていたという笑い話がある。オマーンにその流行が来る頃には、巨大なヘアクリップが販売され、女性たちはそれを使っていたのだった。

さて、過去15年間のアバーヤの流行をみてみると、２０００年代初頭は「フランス式」と呼ばれる比較的細身のＡラインのアバーヤが流行っていた。後半になると、「中国式」とか「日本式」と呼ばれるスタンドカラーのものが人気だった。２０１０年代に入ると、羽を広げた蝶のように袖下がたっぷりとしているデザインが流行り、「蝶々アバーヤ」とか「バーレーン式」と呼ばれていた。そのなかでも、通常のアバーヤより若干丈が短く、中央に向けてシャーリングがきいている「ドバイモデル」なるものが、２０１３年に訪問したときには最先端といわれていた。なぜ丈が短いのかというと、スキニーパンツとヒール靴をはいた華奢な足下を見せ、「女らしさ」をアピールするためである。２０１４年には、このバーレーン式のほか、ウエスト周りにリボンやベルトが付いたアバーヤがトレンドだった。なるほど、少数派ではあるものの、街を行くおしゃれ女性がこのタイプを着ており、注目

を集めていた。イスラームの教えでは、体の線が出ない衣装を着ることが望ましいとされるが、ウエストのラインが比較的はっきりするこのデザインは、ある意味「イスラーム的」とはいえないかもしれない。だが彼女たちは、アバーヤを着ないという選択肢もあるなか、たとえ体の線が多少出るようなデザインであってもアバーヤを選択し、肌を露出させない点では「イスラーム的」でもあるのだ。

そして2016年3月の訪問時の最新トレンドは、色つき、柄物のアバーヤであった。数年来の友人である20代独身の公務員女性は、色つきアバーヤを4着もっている。いずれもこの1年以内に購入したのだそうだ。逆に、敬虔なムスリマである彼女は、たとえ流行していてもウエストのラインが出てしまうタイプのアバーヤを1着も買わなかったという。これまで、アバーヤといえば黒と相場は決まっていたが、ベージュ、グレー、紺など色のバリエーションが出てきたのみならず、膝丈くらいの短いアバーヤまで登場していた。数年前であれば考えられないことである。と同時に、1年前、多くの人が着ていたウエストをマークするアバーヤはもはや廃れており、ほとんど目にすることはなかった。

このように、近年アバーヤの流行はめまぐるしく変わっている。欧米系ファストファッションが流行しているなかでも、オマーンの女性は伝統的なテイラーに年に数回足を運び、みずから生地とパーツを仕入れ、スマートホンのインスタグラムという現代的な方法を用いてオーダーしている。地味で没個性的な衣装だと思うなかれ。多くの女性がイスラーム的なファッションであるアバーヤを着用しつつも、足下を見せるデザインや、ウエストをマークするようなベルトの付いたアバーヤを選択するなど、自分なりのおしゃれを楽しんでいるのである。

（大川真由子）

45

ハリージーか、オマーニーか

★ゆれるアイデンティティ★

ペルシャ湾は、アラブ世界ではアラビア湾と呼ばれ、アラビア語でハリージュ・ル・アラビーと発音される。ハリージュが「湾」を、アラビーが「アラブの」を指す。ここから、「湾」を意味する「ハリージュ」が変化して「湾岸人」を意味する「ハリージー」という単語がうまれた。オマーン人であれば「オマーニー」、サウジ人であれば「サウーディー」のように、各湾岸諸国の国民の呼称は個別に存在しているが、「ハリージー」はこれらの国民を包括し、一つの集団として呼ぶ際に用いられる。湾岸諸国には、湾岸協力機構（Gulf Cooperation Council: GCC）という国家間組織があり、政治的・経済的・軍事的にゆるやかな連携を生み出している。近年では、この枠組みを強化する一環として、公的な自称として「ハリージー」が用いられるようになってきているとも言われる。

これとは別に、「ハリージー」は以前から広くアラブ世界で他称として用いられてきた。例えば、湾岸諸国の音楽や舞踊スタイルが「ハリージー」と呼ばれることがあるが、これは他称としての「ハリージー」の典型的な事例だろう。音楽や舞踏に関する「ハリージー」はポジティブな文脈で使われることが多

いが、ネガティブな文脈で使われる「ハリージー」もある。これは主としてエジプトやレバノン、シリアといった他のアラブ諸国で用いられることが多い。これらの国には夏の間に多くの湾岸人が避暑に訪れるが、それによって街の雰囲気が変わることがある。あるレストランは湾岸人で混雑し、彼らが大声で給仕を呼びつけるためにいつもの落ち着いた雰囲気がぶち壊しになる（と、現地の人々の一部は考える）。彼らは店に入ってはまるで豊かさを見せびらかすように買い物をするので、カイロやダマスカスの街角で育まれた麗しい日常――質素ではあるが慎ましさと気遣いによって成り立つ庶民の生活――が台無しになる（と、嘆息する現地の人々もいる）。果ては高級ホテルに現地女性を連れ込んでのどんちゃん騒ぎ（を非難する現地の人々もいる）。裕福ではあるけれど金に飽かせて放蕩三昧をして帰って行く人々、これが「ハリージー」のもう一つのイメージだ。つまり「ハリージー」とは、湾岸地域に居住する「湾岸人」やそこで生み出された音楽や舞踏といった文化を意味するのと同時に、しばしば〝札束で頰を叩くような、金持ちで鼻持ちならないやつら〟を意味することがある。

多くのアラブ人にとって、かつてはエジプトが「アラブの盟主」として圧倒的な存在であったし、そのエジプトがイスラエルと和平を締結して以降は、アメリカに迎合せずにイスラエルに対峙するシリアの役割もまた、目を引くものだった。これらの国が牽引したアラブ民族主義やバアス主義といった政治イデオロギーには、多くのアラブ人が関心を示した。これに対して湾岸諸国には金しかない、と「非湾岸人」は考えているようだ。何らかの思想が生み出されるわけでもなければ、親米国家であるがゆえにアメリカの覇権に異議を申し立てるでもなく、エジプトやシリアが担ってきた「アラブの大義」（パレスチナ問題）を受け継ぐでもなく、ただただ石油を売って砂上の楼閣をせっせと作る人々

……そんなイメージだろう。

ただし、湾岸人が皆お金持ちであるはずもなく、特にオマーン人は湾岸人の中でも豊かではない部類に入る。このため、サウジ人やクウェート人、ＵＡＥの人々のように、オマーン人が周辺のアラブ諸国に出かけてお金をばらまくということはほとんどない。むしろ逆に、オマーン人もまたサウジ人やクウェート人観光客に悩まされてきた。オマーンには他の湾岸諸国にはない文化があり、また歴史がある。その文化や歴史に惹かれ、またドファール地方の雨に、あるいは内陸部山岳地帯の自然に惹かれ、多くの豊かな湾岸人が観光にやってくる。彼らの一部は、エジプトやシリアで行うのと同様に、放蕩して帰って行く。オマーン人にとっても、彼らは〝金持ちで鼻持ちならないやつら〟であり、だからこそ、オマーン人は自分たちが同じ湾岸人として彼らと同一に語られることを嫌う。オマーン人は、自分たちは他の湾岸諸国のように経済的に豊かではないことをよく知っているが、しばしば「我々には歴史と伝統と文化がある。ドバイやカタールにはそれは全くないじゃないか」と言って自分たちを差異化する。面白いことに、こうした表現はエジプト人やシリア人が「ハリージー」に対して用いるものと同じものだ。オマーン人は非湾岸人からすれば「ハリージー」だが、彼ら自身は自分たちが「ハリージー」だとは考えていない。

そもそも、１９７０年代に入って石油輸出の富が国民を潤すようになるまで、オマーン人の多くは周辺の湾岸諸国に出稼ぎに出ていた。当時のオマーン人は、サウジアラビアやクウェートなど、既に石油の富を存分に享受している国で、イエメンなどの比較的貧しいアラブ諸国からやって来た出稼ぎ労働者と共に、下層労働に従事していた。中年以上のサウジ人から、「私が子供の頃はオマーン人が

道路掃除をしていたよ」といった話を聞くこともある。当時のオマーンには教育施設がほとんどなく、稼ぎの良い職につけるような教育を受けたものはほとんどいなかったため、海外に出ても職は限られていた。このような過去を覚えている周辺諸国の人々の中には、今でもオマーン人を一段下に見る者もいる。こうした眼差しに違和感を覚えながらも、今やオマーンも移民受け入れ国になり、かつての自分たちと同様に祖国を離れて低賃金で働く移民を使う側になってしまった。そこで移民に対して感じる優越感もまた、オマーン人にとってどことなく居心地が悪い。

アラブの中では裕福な湾岸に住んではいるけれど、「湾岸人」ではないオマーン人。アラブ、湾岸、オマーン、国民／移民という複数のアイデンティティが同居する彼らにとって、自分たちを「ハリージー」と規定することには複雑な感情があるようだ。

（松尾昌樹）

46

帰還移民

★近代化を支えたアフリカ出身のオマーン人★

オマーンには、かつてオマーンの支配下にあったザンジバルなど東アフリカ沿岸部一帯から帰還した人びとが存在する。その多くがアフリカ人との混血で、スワヒリ語の会話能力をもつ。現在、オマーン人の生活世界のあちこちにアフリカの影響が色濃くみられるのは、オマーンの歴史的領土拡大が影響している（第17章参照）。とりわけ、ブー・サイード朝の君主サイイド・サイードが、1832年、現タンザニアの沖合に浮かぶザンジバル（ウングジャ）島に帝都を移すと（第20章参照）、多くのオマーン人が東アフリカに渡るようになった。だが、彼らはいつ、どのようにしてオマーンに帰還することになったのだろうか。

ザンジバルはオマーン統治、そして1890年からのイギリス統治を経て、1963年に独立を果たすが、翌年アフリカ系住民がオマーン人を殺害・追放するという事件が起きた。俗にいう「ザンジバル革命」である。ザンジバルを追われたオマーン人は、ツテを頼ってアフリカ大陸部、湾岸諸国、ヨーロッパへ避難した。それというのも、当時のオマーン本国は在外オマーン人の帰国を原則的に禁止する政策をとっていたからである。

1970年、状況が一変する。その年即位したカーブースは、在外オマーン人の帰国を呼びかけた。それまで海外との交流が制限され、近代化も進んでいなかったオマーンでは、人的資源の欠如はきわめて深刻な問題であった。1970年当時、小学校が3校しか存在しなかった国内の状況を考えると、ヨーロッパ植民地下の東アフリカで高等教育を受け、英語力に優れた東アフリカ出身者は、まさしく救世主のエリートだったのである。19世紀末から事実上イギリスの保護領と化していたオマーンでは、1970年代もスルタンの側近のみならず、各省庁にはイギリス人が顧問として配置されていた。そのため、英語に堪能なアフリカ出身者は重用されたのだ。欧米の資本や技術なくしては成り立たない石油業界や、外国人が人口の半分を占める首都マスカトにおける銀行、高等教育機関などでも同じ状況であった。こうして彼らは1970〜80年代のオマーンの発展を支えた。

「ザンジバリー」と呼ばれるアフリカ系オマーン人
[2003年、筆者撮影]

アフリカ出身のオマーン人がどのくらい帰還したかは定かではない。アフリカから引き揚げてきたのはザンジバル出身者だけではなく、大陸部のタンザニア、ケニアのほか、ブルンジ、ルワンダ、コンゴ出身者もいる。いずれにせよ、1970年の時点で65万人程度の人口規模のオマーンに、数万人規模で移住してきたアフリカ出身者のインパクトは小さくなかったはずである。

その一方で、彼らの多くがスワヒリと呼ばれるアフリカ人ムスリムとの混血であること、オマーンの公用語であるアラビア語の能力が十分でなくスワヒリ語を話すこと、さらにはスワヒリ的生活様式を実践していることから、

スワヒリ家庭料理　［2003年、筆者撮影］

オマーン社会では純粋なアラブ人とみなされない傾向にある。たとえば食事が独特である。オマーンでの主食は米であるのに対し、アフリカ出身のオマーン人はウガリというトウモロコシやキャッサバなどの粉を湯で練り上げた食べ物を好む。青バナナやココナッツを多用しているのも特徴だ。わたしを住まわせてくれたオマーン人家族はタンザニア出身者だが、家庭内でスワヒリ語を話してはいなかったので最初は気がつかなかった。週末の親族の集いでウガリが食卓に出たり、年配者がアラビア語ではない言語（スワヒリ語）を話していたり、親族みなが英語に堪能だったりなど、アフリカ出身者だと気づいたのは調査をはじめてから1カ月以上経ってからのことである。服装面でいうと、女性のなかには髪をきっちりと隠さなかったり、外出時アバーヤと呼ばれる黒いコートを着なかったり、露出が多い点もアフリカ時代の習慣である。一般的には男女別に行われる結婚式も、アフリカ出身者のあいだでは男女同席のこともあるなど、男女隔離に対する考え方もオマーンの伝統的規範とは異なる。

1970年までほとんど外界との接触がなかったオマーン社会のなかに突如あらわれたアフリカ出身者とスワヒリ文化は、オマーン生まれのオマーン人にとっては異質かつ侮蔑すべきものであった。それだけではない。1970年以降の国家建設に登用されたアフリカ出身者の社会経済的上昇に対する嫉妬の念もあった。そのため、アフリカ出身者は、その子孫も含めて、アラブ性を重んじるオマー

ン社会で「ザンジバリー（ザンジバル人）」と呼ばれるなど、他の非アラブ系オマーン人と同様、一段劣った存在として認識されている。わたしにとって決定的だったのは、オマーンでの指導教官がわたしのホストファミリーの部族名を知り、「ああ、ザンジバリーか」とぼそっともらしたときである。「かわいそうに、君はきちんとしたアラビア語は学べないね」と言われたときは、自分の家族を侮辱されたようで、気分を害したことを今でも覚えている。

こうしたオマーン生まれのオマーン人側からの偏見をアフリカ出身者はどう受け取っているのだろうか。彼ら自身は、オマーン史上の黄金期であるオマーン帝国の担い手としての自負をもっている。その貢献を評価しないどころか、ケニアやタンザニア、ブルンジなどアフリカ各地の出身者を一括して「ザンジバリー」と呼ぶことに対する常識や歴史認識の欠如に、憤りを感じる者も少なくない。たとえアフリカ人との混血であっても、父方の祖先にオマーン人男性をたどれる以上、自分たちはアラブ人なのだという気持ちを強くもっている。近年、アフリカ出身者によるザンジバルとオマーンの歴史書が相次いで出版されているが、そこではアフリカにおけるオマーン人の偉業や影響が語られ、オマーンのアフリカ統治を正当化するような論調が多くみられる。著者のひとりは、オマーン生まれのオマーン人に「正しい」歴史認識を促すために執筆したのだと述べていた。

だが、こうした言説レベルでの主張とは裏腹に、現在でも両者間に通婚関係はほとんどない。オマーン生まれのオマーン人から「ザンジバリー」と呼ばれ差異化されている「ザンジバリー」自身も、結婚相手を選ぶ際になるとオマーン生まれのオマーン人を差異化しているのである。

（大川真由子）

47

農村の風景

★変わりゆく姿★

オマーン北部の内陸部、シャムス山の麓に、岩山にへばりつくようにしてミスファーという村がある。筆者が初めてその農村を訪問したのは１９９０年代後半のことだった。内陸部の各地を見て回るためにガイドを雇ったのだが、そのガイドは私が日本人だと分かると、自分が所属する会社のオフィスに私を連れて行き、日本の皇太子御夫妻が１９９４年にオマーンを訪問した際にこの会社を使ったのだと、殿下のサインが入った顧客簿を見せてくれた。当時は外国人が内陸部を訪れることはそれほど一般的ではなく、町を歩くと多くのオマーン人に珍しがられ、話しかけられた。当時の内陸部は現在と比べるとずっと素朴で、タクシーを使っても代金を受け取って貰えないということが何度もあった。オマーン人のドライバーは、外国人である私を善意で乗せてくれたのだった。同じ頃、首都のマスカトではタクシー料金を交渉すると高額をふっかけられるのが日常茶飯事だったことを考えれば、内陸部がいかに外国人ズレしていない、あるいは商売ズレしていない地域だったのか、よく分かる。私を案内してくれたガイドも、仕事として集落を案内するというよりも、自分の生まれ故郷を外国人に見て欲しいという、

素朴な感情が先に立っていたようだ。事実、彼は私を自分の家にまで招待してくれたのだが、彼の家があったのがミスファー村だった。村の小道を歩くと、すれ違う子ども達が皆ガイドに声をかけ、また私を珍しそうな顔で眺めた。

ミスファー村遠影。山の頂上に村があり、その下にナツメヤシ畑がある　[筆者撮影]

彼の家は簡素の一言に尽きた。室内にはこれといって電化製品もなく、壁にはスルタン・カーブースの写真が飾られている程度で、他には何もなかった。壁紙もペンキも塗られておらず、壁は安っぽい灰色のモルタルがむき出しだった。当時はまだ開発の手は内陸部の村まで届かないようだった。代わりに、彼らは瑞々しいほど素朴だった。このミスファー村は、谷間を流れる水を生かしたナツメヤシ畑のただ中にあった。谷間はナツメヤシの段々畑で埋め尽くされ、10メートルを優に超える木々が作る影が昼でも涼しさを生み出し、どこからか聞こえて来る鳥のさえずりもあって、鬱蒼という表現がよく似合っていた。良く整備されたファラジュが農地の隅々にまで水を運び、涼しげな音が耳に心地よかった。

農地はファラジュの水路によって細かく分けられており、その区画毎に所有権が定められている。個人が複数の区画を所有することがあっても、必ずしも連続する区画が同一人物の所有

峡谷からのびるナツメヤシの木。谷底には川が流れている［筆者撮影］

とは限らない。かつて大きな区画を保有していた人物が、自分の子ども達に細かくわけて相続させるということもあり、小さい区画を得た人物が村を離れる際には、その区画を売却することもある。区画によってナツメヤシの実り方に違いがあったり、あるいは日照やその他の条件に違いがあったりするので、より良い区画を求める人物はその分の金銭を上乗せして区画を交換することもある。あるいは、少しずつ区画を買い増して、財産を増やして行くものもある。

ナツメヤシは雌雄異株であり、雄株の花粉を雌株の花に受粉させることで、結実させる。花粉を蓄えた雄花は季節になると市場に売りに出され、その香りで結実能力が判断され、値段が決められる。自分が所有する区画に雌株しかないということもしばしばで、その場合には雄花を購入することで自分が所有する雌花に受粉させる。ナツメヤシの熟した実は柔らかく、甘い。生で食べると汁気が多いが、干したものはちょうど干し柿のような食感と甘さになる。日本では、デーツの名称でも流通している。生のナツメヤシをかごに入れておくと自重で蜜が絞り出され、かごの下に溜まる。これはデーツハニーと呼ばれ、蜂蜜のように用いられる。ナツメヤシの実は種類や乾燥の程度で細分化され、価格が変わる。オ

マーンを含むアラビア半島諸国ではナツメヤシの専門店をよく見かけるが、そうした店で様々なナツメヤシがずらっと並ぶ様子は、この地域でナツメヤシが好まれている様子をよく物語っている。

ミスファー村では、人々は段々畑の上の方に家屋を築いて住み、明るいうちに農作業に出て、ファラジュの土手の崩れを直したり、雑草を抜いたり、ナツメヤシの枯れ枝を刈り取ったりする。あるいは、ナツメヤシの間に植えられたバナナやその他の果樹の世話をする。ゆったりとした生活ではあるが、村が山の上にあるので、山の下の学校に通う子どもがあれば、親は毎日送り迎えに忙しい。また、山を下りた町には農業以外の仕事もある。より便利な生活を求めて、ひとびとは次第に不便な山を降り、村を離れるようになった。

昨年、筆者は20年ぶりにこの村を訪問する機会を得た。ナツメヤシの畑とファラジュの水路は全く変わらなかったものの、村そのものは大きく変化していた。多くの人が村を去り、空き家が増えていた。現在のミスファー村にはこうした空き家を改修した宿泊施設が存在し、ちょっと洒落た場所になっている。湾岸諸国を旅行したといっても、巨大ショッピングモールに行ったとか、沙漠ツアーに行ったとか、そんなことはもはや目新しさに欠け、ま

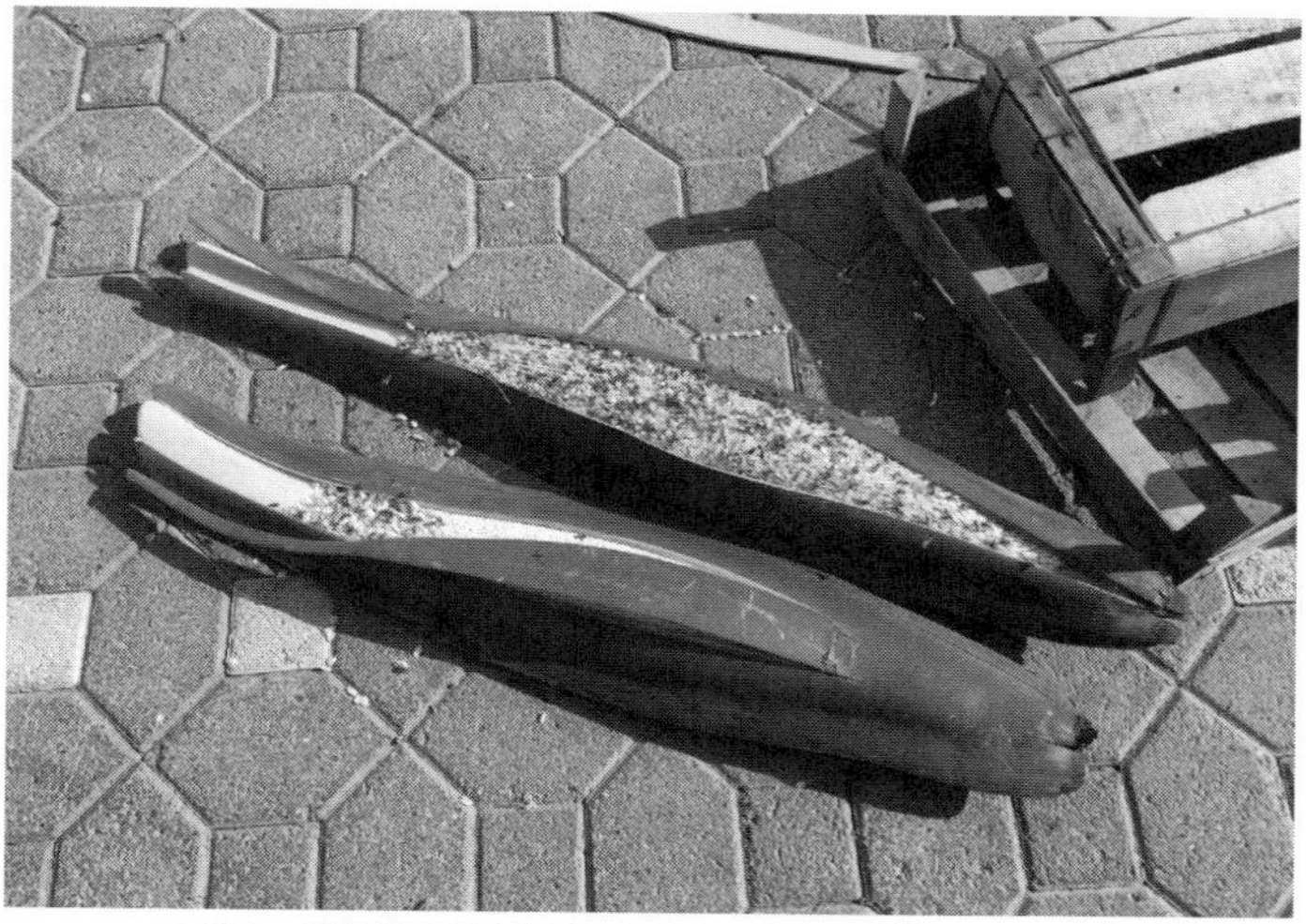

ニズワーの市場で売られていたナツメヤシの雄花　[筆者撮影]

た薄っぺらでつまらないのだろう。今の時代、ナツメヤシの畑に囲まれたアラブ風農家での宿泊体験は、大きな商品価値を持つのだ。そういった意味では、ミスファー村もオマーンを取り巻く大きな変化――近代化や観光振興の影響を受けている。観光産業の発展に寄り添うことで、ミスファー村は新しい収入源を獲得して、生きのこることが可能となったのだ。

それよりも大きな変化は、移民労働者の流入であろう。今や、山の上のミスファー村においても移民労働者が雇用されている。ただし、その姿はほとんど目につくことはないだろう。彼らの一部は、上記の宿泊施設のような場所で雇用されることがあり、その場合には宿泊客の目にとまることもあるだろう。しかし、それらは彼らの労働のほんの一部に過ぎない。ナツメヤシの枝落としや雑草刈り、あるいは受粉作業や実の摘み取り作業のような、観光客が目にすることのない農村の日常生活においても、移民労働者が深く関わっている。ナツメヤシの花は高く伸びる木の一番上につく。その木を、特に命綱もなく、腰のロープと足だけで登って行う受粉作業や実の摘み取り作業は、非常に危険な仕事だ。作業中に足を滑らせれば、命を落としかねない。上記のミスファー村の宿泊施設を経営する人物も、複数のナツメヤシの区画を所有しているが、その管理には移民労働者を用いているという。

この移民労働者の生活状況は、決して良くない。おそらく廃屋となったであろう、崩れかけた家屋の一室をあてがわれた彼らの生活環境を見たときには、そのあまりの不潔さ、粗末さに言葉が出なかった。それはかつてのミスファー村が持っていた質素な暮らしというものとはほど遠い。不可視化された彼らは、オマーンの伝統を構成する麗しい農村の営みの、とりわけ危険な部分を引き受けている。こうした移民に支えられているのが、今日のオマーンの農村の姿である。

（松尾昌樹）

48

オマーンにおけるアラビア語

★多言語社会とバラエティ豊かな方言の魅力★

時は8世紀というだいぶ古い話になるが、アラビア語の母音記号を考案するという偉業を成し遂げた一人のカリスマ言語学者がいた。その名もハリール・イブン・アフマド。彼はオマーン生まれの生粋のアラブ人であった。出自はアラビア半島の由緒あるアズド族。その部族名は、雄弁さと純粋なアラビア語を話すことで古来より知られている。現在でも、豊かな自然あふれるムサンダム地方にシフーフという部族がいて、彼らのルーツはこのアズド族である。

今でもオマーンの人たちはハリールがオマーン出身であったということをとても誇りに思っている。政府の思い入れも相当に強いようで、彼が著した辞書『アインの書』(喉の奥の音「アイン」の調音点を起点とした配列法に由来)の解説書や文法書『文法要説』が、オマーン文化省から近年、相次いで校訂・出版されている。ハリールは、今日のオマーン国民のアイデンティティ形成と、共通した歴史認識の創造にも一役買っているのだ。

こうした碩学を数多く輩出してきたオマーンは、アラビア語を公用語とする一方で、多言語社会という一面も持っている。例えば、「乳香の地」で知られる町サラーラがあるドファール

地方では、セム諸語でもアラビア語とは別系統（南アラビア諸語）のシャハリー語（ジャッバーリー〔山の民の意味〕語とも呼ばれる）やマフリー語が今も生きた言語として話されている。確立した正書法がないため文字によって表記されることはないが、両言語ともにアラビア語にはない口の横から出す擦れるような珍しい音が複数あって興味深い。しかし、こうした言語の話者も、教育やメディアの普及の結果として正則アラビア語を場面に応じて使いこなせる上に、日常ではシャハリー語などの母語と口語アラビア語を併用している。現地の人の会話に耳を傾けると、アラビア語のやり取りに突然シャハリー語などが入ってきて、びっくりすることがよくある。

また、オマーン人と一括りに言っても、東アフリカからの帰還者や、ペルシアやバルーチスターン（現パキスタンの南西部あたり）を出自とする人など、その系譜や民族は多種多様だ。さらに、南アジア出身者を中心に多くの移民が、現在のオマーンにおける社会、経済・商業活動の一端を担っている。そのため、日常のコミュニケーションツールとして、スワヒリ語やペルシア語、ウルドゥー語などに通じているオマーン人も多い。その上、どの世代も英語はほぼ問題なくOKであるから、オマーンにおいて多言語に長けていることは、それほど驚くことではないのかもしれない。

さて、アラビア語の話に戻ろう。オマーンにおけるアラビア語と一言で言っても、これまた地域や出自によってバラエティ豊かである。先に登場したムサンダム地方の方言は、首都マスカトや、南部のドファール地方、さらに東部の遊牧民方言とは明らかに異なる。その人の発音の癖や使う語彙を吟味すれば、おおよその出身を当てることもそう難しくはない。ここでは細かい分類はさておき、オマーン人のアラビア語ということで、ごく一般的な特徴をあげてみよう。それは、正則アラビア語

アラビア語のオマーン方言に関する辞典・書籍。近年、オマーン国内でも方言研究が盛んになってきている
[筆者所蔵]

の「ジャ・ジ・ジュ」/dʒ/の音を「ガ・ギ・グ」/g/で発音することである。日本のアラビア語学習者はエジプト人と接する機会が多いからか、この発音を聞くと真っ先にエジプト人！と思ってしまう傾向が少々強い。しかし、オマーンの都市部出身の人も、「ジャミール」（美しい）を「ガミール」、「ジッダン」（とても）を「ギッダン」、「ジャーミア」（大学）を「ガーミア」という具合に「ジャ・ジ・ジュ」を「ガ・ギ・グ」で発音する。

オマーンのアラビア語については、今から700年も昔、モロッコ出身の大旅行家イブン・バットゥータが自身の旅行記で述べている。彼は東部の港町カルハートを訪問した際、住民が普通は否定文に使われる「ラー」という否定辞を、動詞の後ろや平常文の末尾などに置いて（「あなたは食べるラー」、「私は出かけたラー」、「〜するのかラー？」のように）、相槌や付加疑問を表しているのを耳にし、「いやはや、生粋のアラブ人とは言えども、なんとも奇妙なアラビア語を話す人たちだのう……」と驚きをあらわにしている。なお、この形式は今日でも東部沿岸や内陸地域の人々に、同じように観察される。「タスマウニー・ラー」（あなた、ちゃんと聞いてるの？）、「アンタ・ヤーバーニー・ラー」（あなたは日本人ですよね？）といった具合にである。

このようなオマーン独特の用法や表現はたくさんあり、枚挙にいとまがない。中でも、私たちが、これを耳にしたらその人は絶対にオマーン人と判断できる、切り札の言い回しをいくつか紹介しよう。

まず、現代の湾岸諸国では「良い」は「ゼーン」という形容詞が一般的で、オマーン国内にも広まっているが、オマーン本来の「良い」は、「ガーウィー（男性形）」／「ガーウィヤ（女性形）」である。さらに、「方言」のことを正則アラビア語では、「ラフジャ」（lahja）と言うが、オマーンで

は「ハルジャ」（巻き舌のラーでharja）と言う。「素敵な方言ね」と表現するなら、「ハルジャ・ガーウィヤ」となる。また、「〜が欲しい」は一般的な言い方では、「バーギー（男性形）」／「バーギヤ（女性形）」と言う。「何」を意味する疑問詞は「モー」なので、「何がほしいの？」は、「モー・バーギー？」となる。さらに、「なんでー？（Why?）」を意味するオマーン独特の言い方「ハール・モー？」を言ってみれば、オマーン人も微笑んでくれること間違いない。

さあ、ここまで言えれば、物静かで恥ずかしがり屋さんが多いオマーン人の心もつかむことができるのだが、さらにもっと現地通になれるマニアックな語彙を紹介したい。一つは「シーシャ」という単語。オマーンに行った際、ドライバーやガイドさんに「シーシャ寄っていくから」と言われても、「いやいや、急いでいるから休んでいる場合じゃないでしょう」と怒ってはいけない。エジプトなどに慣れ親しんでいる読者の方であれば、真っ先に「シーシャ」＝「水タバコ」を思い浮かべるであろう。しかし、ここでは残念。正解は、なんと「ガソリンスタンド」である。給油ホースの形状が水タバコのホースを連想させることから、そう呼ばれるようになったのだ。

そして、もう一つ。ドファール地方の特産品で私たち日本人なら、ぜひとも大盛りで食べたい「スファイリフ」という単語。これは「アワビ」のローカルな呼び方だ（正則語では、「ウズヌ・アル＝バフル」（海の耳））。ぜひ、「バーギー・アークル・スファイリフ」（アワビが食べたい！）と表現してみよう。ひょっとすると、新鮮な高級アワビステーキにありつけるかもしれない。

また、オマーン人に何かいいことをしてあげると、よく「アハサンタ」（女性には「アハサンティ」）と言ってくれる。しかし、アラビア語の授業に出たことがある方は、先生が生徒に言う「良くできま

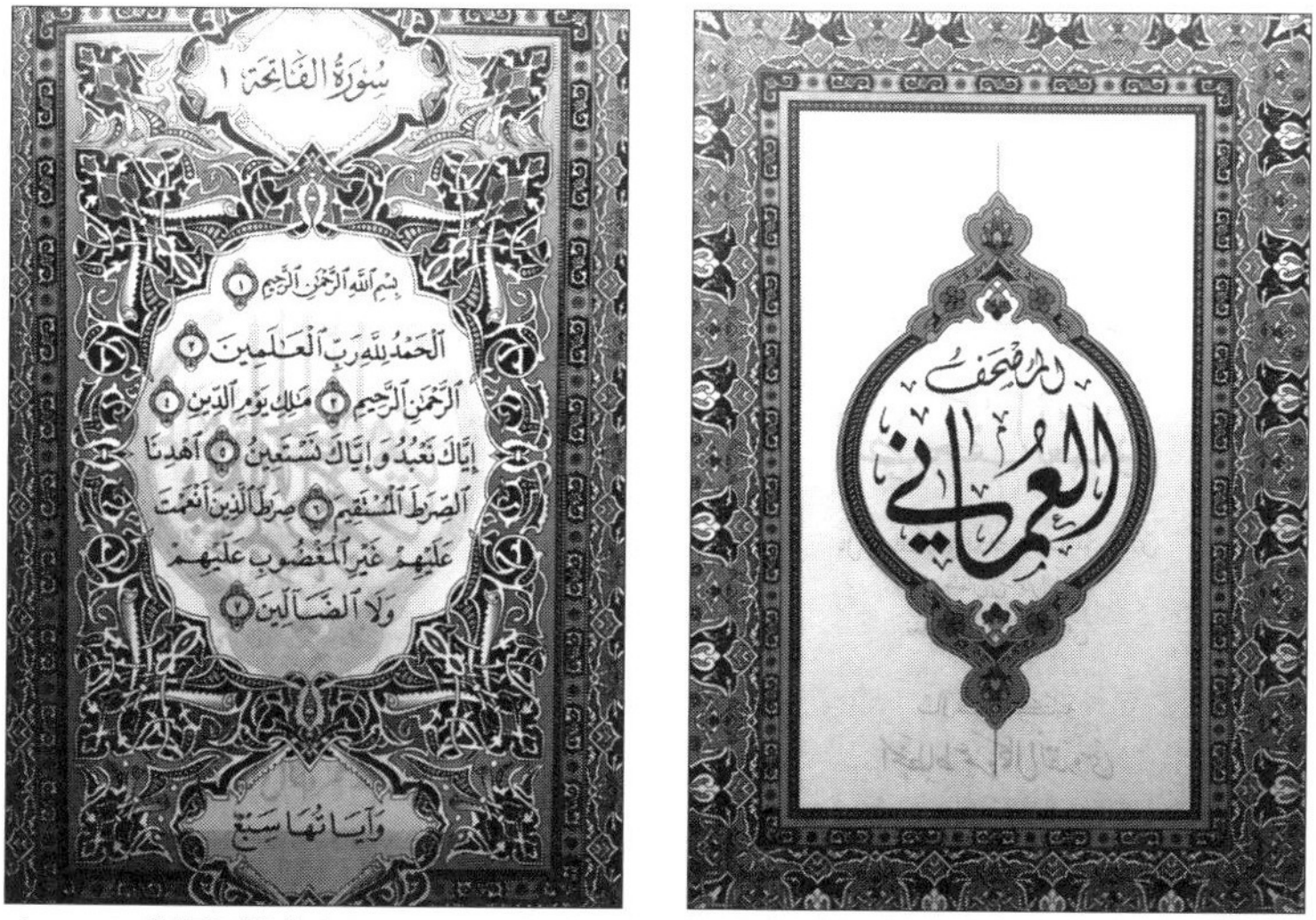

オマーン出版の聖典クルアーン。タイトルページ（左）と第1章「開扉章」（右）。文字の上下に振られている線や丸などがハリール考案による母音記号　［筆者所蔵］

した（Good job/Well done）」の意味ではないのでご注意を。オマーンでは、「よくしてくれて、ありがとう」というお礼の表現なのだ。ちなみに、この「アハサンタ」は、オマーンとも関係の深い東アフリカの主要言語、スワヒリ語の「ありがとう」＝「アサンテ」の語源でもある。

さて、このように言葉や表現においてもバラエティに富むオマーンでは、近年、古都ニズワーなどを中心に外国人向けのアラビア語講座が多く開かれている。治安の良さも相まって、短期・長期留学先として人気を博しているようだ。個人ではアクセスしにくい場所へのエクスカーションなどもプログラムに含まれていたりと、語学習得はもちろん、オマーンの豊かな自然や伝統文化に触れられる絶好の機会になるに違いない。

（竹田敏之）

49

避けるでもなく、交わるでもなく

★移民とオマーン人の微妙な関係★

オマーンには現在、ざっと200万人の移民が暮らしている。これはオマーンの全人口の44%程度に相当する。人口のおよそ半分が移民で構成される社会とは、一体どんなものなのだろうか。人口の半分が移民ということは、読者のあなたがオマーン人であれば、あなたの隣に座っている人物は確率的には移民ということになる。道を歩いても、食事をしても、働いても、友人関係を形成しても、どのような場合でも、隣には移民が存在するはずだ。様々な国籍や民族出身の人々が一つの社会を作り出す社会……こうした社会はコスモポリタンと呼ばれることがある。コスモポリタンという言葉には、どこかバラ色で、前向きの、進歩的イメージがつきまとう。様々な国からやって来た人々が、国籍や文化や宗教の垣根を超えて交じり合い、活気にあふれた社会を作り上げてゆく、そんなイメージがある。しかし実際には、移民現象は世界中で多くの問題を引き起こしている。移民が多い社会には特有の問題——職をめぐる移民と国民の対立や、文化摩擦、場合によっては治安問題など——が指摘されることが多い。人口の半分を占めるのであれば、移民はさぞや大問題になっているのだろうと思うと、オマーンでは意外

マスカットのルウィ地区。店員も客も、大半は外国人　［筆者撮影］

にも深刻な社会問題はほとんど発生していない。

そもそも、人口に占める移民割合が高いという特徴は、オマーンに固有のものではなく、オマーンを含めた湾岸諸国に共通してみられる現象だ。隣国のサウジアラビアでは3割強が、クウェートやUAEでは7割強が、カタールでは実に9割近くが外国人である。さらに、これほど多くの外国人を抱えながら、これが大きな社会問題に発展していないというのもまた、湾岸諸国に共通する現象だ。

問題が発生していないのは、国民と移民が交流を深め、密接な関係を築いているから……ではない。むしろ、両者が接触する機会が少ないというのが理由のようだ。例えば、読者のあなたがマスカットのホテルに泊まったとしよう。あなたをフロントで出迎えてくれる人の中には、オマーン人が含まれる可能性がある。ただし、そのフロント係に命じられて荷物を部屋まで運んでくれるポーターは、かなり高い確率で移民だろう。あるいは、あなたがシーシャと呼ばれる水タバコを楽しむオープンエアの喫茶店――マカハーと呼ばれる――に行ったとしよう。客の大半はオマーン人だが、給仕がオマーン人であるということは、ほぼない。喫茶店でオマーン人が働いているとしたら、高級ホテルのラウンジのような、よほどの高級カフェだろう。厳密に区分されているというわけではないが、オマーン人と移民の職業や職務はゆるやかに分かれている。よくよく目を凝らせば、移民が「使われる側」――上司の指示を受けたり、客から命じられたり――の立場に多く見られるのに対して、オマーン人は「使う側」の――上司であった

ドファールの町角でココナッツジュースを売る移民労働者　［筆者撮影］

り、少なくとも「使われる」という関係が強固には現れない、銀行の融資窓口業務のような——立場についていることがわかる。このゆるやかな分業体制のおかげで、オマーン人と移民が同じ職場で同じ業務を行う可能性は圧倒的に低い。

さらに、オマーン人の大半は普段から伝統衣装（ディシュダーシャと呼ばれる長袖、くるぶし丈の白のワンピース、第43章参照）を着ているが、移民がそれを身にまとうことはないため、両者の違いは簡単に見分けることができる。服装の違いが職業、職務の違いと緩やかに一致することで、国民と移民の差異（あるいは格差）はより顕著になる。国民としてのオマーン人の特権性が、誰の目にも明らかになる。こうしてできあがった力関係を反映しているのだろう、オマーン人と移民は友人関係をほぼ築かない。オマーン人の友人関係はオマーン人の中で完結するのが一般的で、移民と連れ立って旅行したり、お茶を飲んだりといったことはほとんどない。

多様な民族集団が同じ国、同じ町で生活しているにもかかわらず、国民と移民という境界線に沿って、人間関係のあり方が規定されている。これはオマーンに限らず、湾岸諸国で広く見られる現象だ。ただし、他の湾岸諸国では国民と移民の権力関係がより厳格で、鮮明に社会の中に現れるが、オマーンでの国民と移民の境界はずっとゆるやかだ。例えば、他の湾岸諸国では、喫茶店でお茶一つを頼むのにも（国民である）客は（移民である）給仕の目を見ようともせず、また注文したものが届けば、指先をわずかに動かしてその品の置き場所を示すといったやりとり——「使う側」が一方的に権力を行使して、「使われる

ミスファー村で働く移民労働者
［筆者撮影］

側」はひたすらそれを受け取るという両者の断絶を強調するような行為――がしばしば見られる。一方のオマーンでは、例えば上記のマカハーでは、注文するという場面一つ取っても、客のオマーン人が移民の給仕に冗談を投げかけながら注文し、移民の側もそれに冗談で応えながら注文を書きとる、といった光景がよく見られる。国民と移民の境界が明瞭に存在しているとはいえ、個々のオマーン人は移民を自分たちよりも明確に劣位に置こうとしているわけではない。かといって、移民と国民が近しく平等な関係を築いている社会というわけでもない。この微妙な関係が、オマーンにおける移民と国民の独特な距離感だといえるだろう。それは「避けるでもなく、交わるでもなく」という表現がふさわしい。

こうした微妙な距離感は、なぜ他の湾岸諸国にはなくオマーンだけでみられるのだろうか。その理由の一つは、オマーンの発展過程に求められるかもしれない。オマーンは湾岸諸国の中で石油生産開始時期が最も遅く、またその規模も最も小さい部類に入る（第29章）。このことは、オマーンでは石油開発に支えられた経済発展の速度と規模が比較的小さく、国民がとびぬけて豊かになった訳でもないため、国民と移民の経済・社会格差が小さく抑えられていると考えられる。さらに、石油の商業生産が開始される以前には、オマーン人の多くが移民労働者として周辺の湾岸諸国に出稼ぎに出ていた。オマーン人の出稼ぎは70年代初頭まで続いたが、この時代に経験した移民労働者としての苦労が、今日のオマーンにおける移民と国民の距離感に影響を与えているのかもしれない。

（松尾昌樹）

50

変わりゆく教育制度

——★オマーンの宗教、文化に根ざしつつ、グローバル化対応へ★——

1970年以前のオマーンでは、前スルタンの方針により中学校以上の近代教育機関は存在せず、コーラン学校での教育が中心であった。1970年当時、公立男子小学校が3校、生徒数900名という状況で、湾岸諸国のなかでも近代教育の導入がもっとも遅かったため、カーブースは即位後すぐに教育制度改革に乗り出した。

当初は、レバノンやカタールから輸入した教科書に基づきカリキュラムを作成していた。しかし、他国の教科書ではオマーンの歴史や地理を教授することはできないため、1972年にはクウェートのカリキュラムに自国式の科目（歴史・地理・国民教育、宗教）が盛り込まれるようになった。輸入教科書のなかには、オマーンの多数派であるイバード派の教義に調和しないもの、たとえばカタールの教科書にはワッハーブ主義にみられる急進的な宗教信念、歴史観、世界観などが反映されており、オマーンの宗教指導者たちからの反感があったからである。こうした教育現場を支える教員も70年代はほとんど外国人に頼っていた。

その後、短期間のうちに学校数・生徒数は飛躍的に増加した

マスカットで最初の政府系学校、サイディーヤ学校の跡地に建てられた博物館。1970年以前の教科書も展示されている ［2014年、筆者撮影］

が、当初は教育機会の拡大、すなわち「質より量」に主眼が置かれていたため、その過程でいくつかの問題も生じた。生徒数が40名を超える学級のサイズダウン、教員の養成や査定制度の充実など、「量より質」の向上を目指した教育制度改革が１９９８年より実施された。従来の６・３・３制の「一般教育」から、４・６・２制の「基礎教育」への移行が開始し、現在ではほぼ完了している。

基礎教育では、最初の４年が第1期、次の６年が第2期、そして最後の2年はポスト基礎教育期に分けられる。第1期までは男女共学だが、その後は別学である。基礎教育の特徴は、イスラームの原理やオマーンの文化アイデンティティに根ざした教育、グローバル化対応のカリキュラム、記憶力から問題解決・分析能力や創造的思考能力の重視、教員中心から生徒中心への授業への移行などである。イスラーム教育、アラビア語、科学、数学、社会科（歴史、国民教育、地理）、英語と選択科目（音楽・美術・体育）といった従来の科目のほかに、情報科学やライフスキルといった新しい科目も加わった。さらには、一般教育では4年生から始まっていた英語教育も、基礎教育では1年生からに引き下げられるなど、教育目的に見合うようカリキュラムも変更された。２０１６／17年度のデータによると、ここ10年ほどは1クラスあたりの生徒数も26〜27人で落ち着き、基礎教育における就学率に男女差もない。

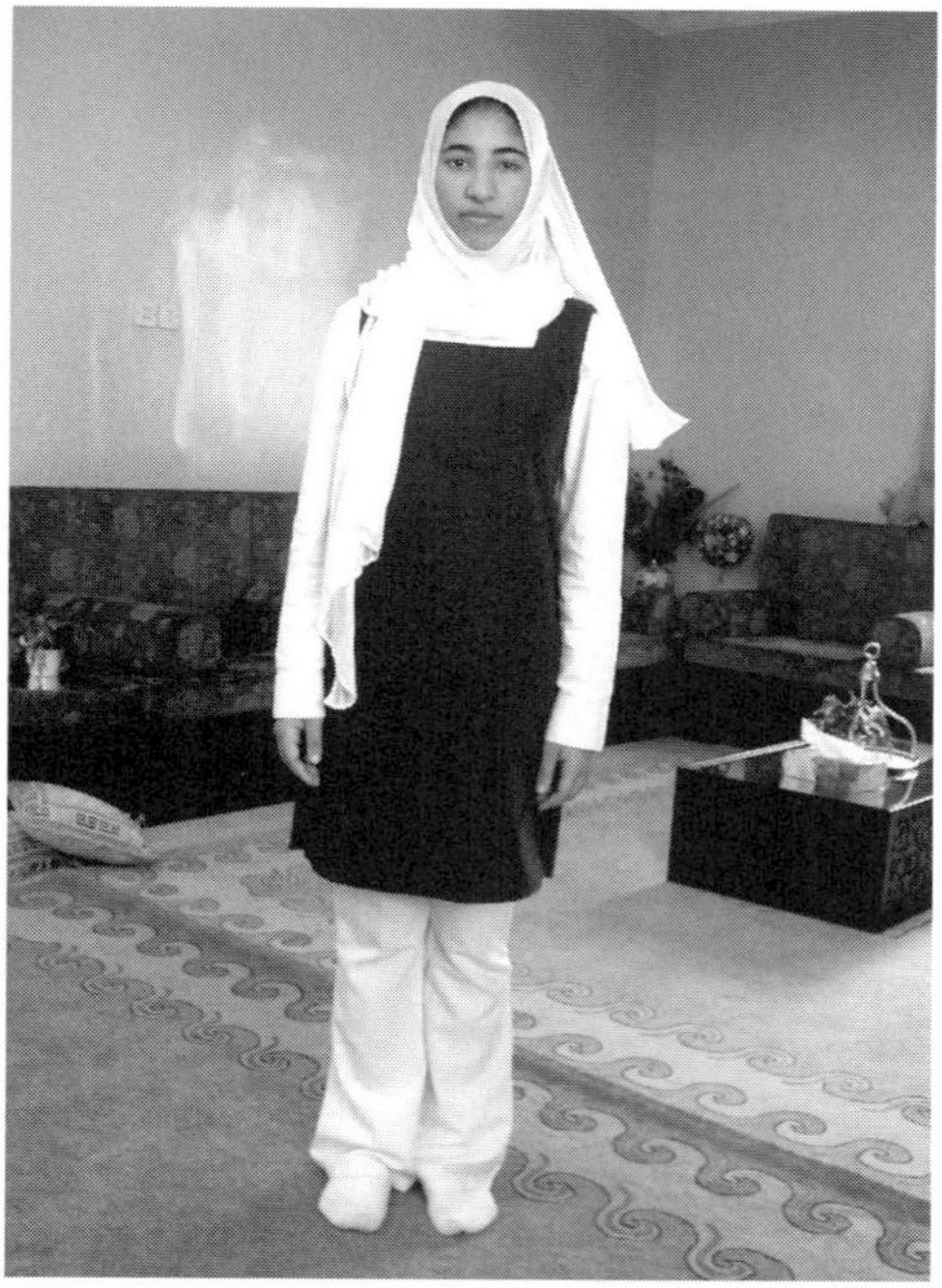

女子中学生の制服　［2003年、筆者撮影］

現在の教科書についていうと、公立学校では全科目国定教科書を使用している。私立学校はその限りではないが、「第一分野」科目と呼ばれるアラビア語、イスラーム教育、社会科の3科目は国定教科書の使用が義務づけられている。つまり、言語、宗教、歴史（あるいは国民教育）に関しては均質な知識や価値観が教授され、それによりオマーン人としての国民アイデンティティを醸成すべく、国家が管理しているということになる。ただし、国語であるアラビア語はグローバルな言語であるため、とくにオマーン性がアピールされるわけではない。宗教に関しても、12年間必修のイスラーム教育の科目のなかでイバード派に関する言及はほとんどなく、イスラーム一般についての記述がほとんどである（第15章参照）。宗派の成立については社会科のなかで学ぶ。

一般教育と同様、基礎教育においても毎年度末に進級試験があるため、第2期やポスト基礎教育期になると、落第したり中途退学したりする学生が多くなる。生徒にとってもっとも重要なのが、大学進学を左右する「高等学校卒業認定試験」である。２０１４／15年度、この試験に登録したオマーン人（成人教育も含む）は５万６６５２人いたが、実際に受験したのは４万４９７１人、合格者は３万３２７１人と、合格率は74％である。翌年

度、高等教育機関に進学したのはこのうち2万9892人だから、進学率はかなり高いといえよう。

さて、オマーンに大学ができたのは1986年と湾岸諸国のなかでもっとも遅かった。このときにできたオマーン初の大学、スルタン・カーブース大学が現在も唯一の国立大学である。2000年代からは私立大学の設立も進み、2017年現在、私立大学（単科大学も含む）の数は30を超えた。他の中東諸国と同様、オマーンでも12年時の卒業認定試験で高得点を獲得した学生が医学部、工学部、理学部など理系の学部に進学する。また、政府による大学留学制度も充実している。もっとも人気のある留学先はアメリカ、次いでイギリス、GCC諸国である。2015／16年度のデータによると、大学や専門学校などの高等教育に就学するオマーン人学生は13万7775人で、男女の割合は42％と58％である。最難関のスルタン・カーブース大学でも女子学生の割合が高い。

湾岸全体に共通していることだが、公立であれば大学まで無償である。だが一般的に私立の方が教育の質が高いと認識されているため、都市部においては私立志向が高い。ただし、私立では英語教育に重点を置くため、十分なアラビア語能力が身につかないことが問題視されている。逆に、公立学校、とくに地方出身の生徒は、日常的に英語を話す機会が都市部に比べて少ないため、大学の授業（理系学部の授業は英語でおこなわれる）や就職後に苦労するという話もよく聞く。外国人の割合が半分を占めるオマーンでは、仕事上、英語を話せる方が有利であることも多いのだ。

オマーンでは短期間のうちに教育環境は整備されたが、教育および研究レベルはまだまだ低いといわざるをえない。今後は隣国のように海外大学の誘致も進み、教育内容のさらなる充実が図られることを期待したい。

（大川真由子）

51

オマーンの結婚式

★暮らしの中の祝いの風景★

「結婚は信仰の半分を成す」というハディース（預言者ムハンマドの言行録）があるなど、イスラームでは結婚が強く推奨されている。男性は４人まで妻をもつことが許されるとか、マハルと呼ばれる婚資を支払わなければ正式な結婚とは認められないといったイスラーム独自のルールのほかにも、いとこ同士の結婚を奨励するアラブ社会の傾向がオマーンでもみられる。父親同士が兄弟であるいとこ同士の結婚が理想とされるが、これに限らず部族内での結婚が１９７０年代までは一般的であった。２０１３年にスルタン・カーブース大学が発表した調査結果によると、オマーン人夫婦のうち52％は血縁婚だという。他の湾岸諸国でも軒並み50％前後と、中東内でもとりわけこの地域は血縁婚の割合が高い。さらには、オマーンでは国際結婚が制度上困難であるため、２０１４年に結婚した夫婦の97・４％がオマーン人同士のカップルである。

結婚成立までの経緯は時代や地域によって異なるが、標準的なのは、婚約→契約式→結婚式（披露宴）という順番である。以前は同じ村落で育った顔見知りのいとこや親族と結婚するというケースが多かったが、70年代以降、地方から都市部へ人口

が流出し、女性が社会進出するようになると、部族外の異性と知り合う機会が増えてきた。現在、都市部の若い世代ではむしろいとこ婚を避ける傾向が強く、恋愛結婚も一般的になりつつある。その場合、まずは男性が自分の親に事情を話し、承諾が得られれば、男性の母親が先方の母親に連絡を入れる。女性側の家族はそこから相手側の家柄（部族の格）や経済状況、男性個人の学歴、職業、人柄などを徹底的に調査する。最近は相手の男性が敬虔なムスリムか、喫煙習慣はないかなども考慮される。問題がないようだったら、双方の親が父親側と母親側にそれぞれ分かれて面会の機会を設ける。

村での結婚式［2001年、筆者撮影］

両家ともに好感触であった場合、マハルの金額が話し合われる。部族内の結婚であればマハルは比較的安く済むが、有力部族同士の結婚だと5000リヤール、1万リヤールまで跳ね上がる。そのため、オマーンでは婚資の上限を2000リヤールとする法律ができたほどだ。男性側が支払うのはマハルだけではない。結婚式の費用や新居の準備も男性側の負担である。マハルの額に合意がなされると、男性側から女性側へマハルの一部である宝飾品や現金、香水などが贈られ、これにて婚約成立となる。新婦側では女性親族・知人を集めてマハルのお披露目会をおこない、マハルの現金で貴金属を買ったりもする。近年は、フラワーアレンジメントのように現金をきれいに飾り付けたマハルも人気である。

次が契約式で、マアズーンという結婚契約公証人立ち会いのもと契約書に署名をし、男女別のパーティーとなる。オマーンではマリカと呼ばれる。契約式後、カップルは2人だけでデートすることが

ホテルでの結婚式のステージ
［2013年、筆者撮影］

新郎登場の場面　［2001年、筆者撮影］

可能になるが、性交渉は披露宴後まで待たねばならない。マリカから結婚式まで早ければ1〜2週間、長いカップルだと1年以上に及ぶ場合もある。

そしていよいよ結婚披露宴（ウルス）である。イスラームでは結婚を社会に対して告知しなくてはならないため、結婚式は盛大におこなう。都市部ではホテルや公共施設で、農村部では自宅でおこなうことが多い。この日のために花嫁はエステやサロンに通い、手足にヘンナを施し、体を磨きあげる。最近は西洋式の純白のウェディングドレスも多いが、農村部では緑色のオマーンの伝統的花嫁衣装が一般的である。結婚式は夜7〜8時に開始、真夜中12時過ぎまで続く。日本のように親族や友人のスピーチがあるわけではなく、食事をしながら大音量で流れる音楽に合わせてダンスを踊る。アラブ音楽に合わせながら腰をくねらせ官能的なダンスをする女性に、ザグルータと呼ばれる独特の甲高いかけ声をかけたり、お札を投げたりと大いに盛り上がる。そのあいまに、壇上にいる花嫁と記念撮影をするのがならわしだ。オマーンにはアフリカ出身者も多いのだが（第46章参照）、その場合はアラブ音楽ではなく、スワヒリ音楽に合わせて環状になって踊るのが特徴である。

花嫁の近しい親族はここぞとばかりに着飾る。長い黒髪をあらわにし、ノースリーブのイブニングドレスにきらびやかなアクセサリー、そして美容院で施してもらった完璧なメイク。その華やかさたるや、圧倒されてしまう。女性だけしか参加しない結婚式だからこそ、彼女たちの力の入れようはすさまじい。

初夜を迎える新郎新婦
［2001年、筆者撮影］

結婚式も終盤に差しかかるころ、新郎が新婦のいる会場に1人でやってくる。それまで髪と肌を露出し踊っていた女性客も、いっせいにアバーヤを着てスカーフで髪を隠す。数百人の女性客の熱気に圧倒されながら、緊張した面持ちで花嫁のいる壇上に向かう新郎。控えめにひやかしながらも、女性客は新郎を品定めするのだ。実は参列者がもっとも楽しみにしている瞬間でもある。

深夜に結婚式が終わると、新郎新婦は初夜を迎える。かつては花嫁の処女証明がおこなわれることもあった。農村部では、フッダームと呼ばれる奴隷出身の女性が初夜の付添人の役目を果たす。新婚最初の1週間はこのフッダームの女性が新婦の身の回りの世話をしてくれる。わたしが調査していた村では、挙式後、新郎新婦が初夜を迎える寝室まで近しい女性親族がついていくという習慣があった。

国立統計情報センターが発表したデータによると、オマーンでの初婚年齢は１９９３年には男性が24・7歳、女性が20・7歳だったのが、２０１０年には男性28・4歳、女性26・1歳に上がっている。これは結婚費用の増大と無関係ではない。失業中の男性はおろか、民間部門の低賃金労働では結婚資金を準備することができないのだ。２００８年以降の急激なインフレ、とくに家賃の高騰も相まって、結婚費用の増大が未婚男性の大きな負担となっている。男性求職者の初婚年齢は33・4歳で、有職者男性の27・2歳に比べてかなり高い。イスラームでは夫婦間での性交渉以外は非合法であるから、未婚男性、とくに職がなく経済的理由から結婚できない男性は不公平感を募らせている。盛大におこなわれる結婚式の裏側で、失業率の上昇にともなう結婚難が現在深刻化している。

（大川真由子）

52

家族生活

★妻は夫のために美しく、そして強く★

オマーン人のみならず、アラブ人の社会関係の中核のひとつは家族関係にある。親が子に注ぐ愛情はある程度人類に普遍的なものといえるが、その表現の仕方には文化の差がみられる。その点でアラブ人はかなりあけっぴろげな表現で家族愛を示す。成人した子供が親に対してキスやハグをするのはごく一般的で、とくに母親と息子の関係は一種病理的と非難されることもあるほどだ。子供に対する親の愛情もさることながら、逆に親に対する子供の敬意も相当なもので、戦前日本のいわゆる家父長的な雰囲気が残っている。

オマーン人のこうした家族指向、とくに大家族指向はときとして縁故主義を生み出す。ワースタと呼ばれるコネが十分に通用する社会である。このような家族主義は毎週末の昼食会の実施からもわかる。オマーンでは必ずといっていいほど金曜の昼食時に親族が集う。果物やコーヒーなどのもてなしからはじまり、メインの食事、食後のお茶やお香まで、なかなかの長丁場である。昼食会だけではない。親族が多く、つきあいを大切にするということは、それだけ冠婚葬祭への参加も多いということである。週末はゆっくり休んだり、自分の趣味をしたりした

子供の世話をしながら食事の準備をする筆者
［2001年、筆者所蔵］

いと思う若者にとって、オマーン・アラブ的な親戚づきあいは負担になっているようだ。

一般的にオマーンでは仕事で帰宅時間が夜遅くなるということがない。政府部門であれば14時半、民間部門であっても17時や18時には勤務先を出ることができる。したがって、夫が残業続きで育児をしないとか、妻に家事を押しつけるといった話はあまり聞かない。そもそも、一般的なオマーン人家庭にはメイドがいるため、妻が家事をすることもあまりない。子供の入浴や寝かしつけもメイドがこなすから、母親にだけ家事や育児が集中することがないのだ。「仕事と家庭の両立」という日本でよく聞く言葉は、オマーンでは意味をなさない。夫も家や庭のメンテナンスに多少かかわるだけで、日本のように皿洗いをするとかゴミ出しをすることはまず考えられない。

ただし、食事の買い出しは夫の仕事である。最近では若い夫婦が一緒にスーパーに買い出しに行く姿をみかけるようになったが、大量の食料や生活必需品をまとめて買い出しに行くのは夫である。わたしが暮らしていたオマーン人家庭では、主人とメイドが2人で買い出しに行っていた。あるとき、妻とわたしも同行したのだが、家族6人とメイド2人、そしてわたしも含めた1週間分の食料なので相当な量になった。帰宅し、わたしが自動車から荷物を下ろすのを手伝おうとしたら、母親は「いい

第52章
家族生活

のよ」と言ってなにも運ばずに玄関に向かった。重い荷物を運び込むのは男性（とメイド）の仕事だというのである。

イスラームでは、夫が妻に対して扶養義務を負う。いわゆる西洋的な男女同権ではなく、男女は異なる役割をもつという認識があるため、女性ががんばって稼いで家族を養う必要はない。それは離婚した女性も同様である。結婚前は父親、結婚後は夫、離婚後は父親か兄弟、あるいは息子に養ってもらえばよいのである。身体的に強い男性が家族を養い、重い荷物を運ぶ。それは女性が働かなくてよいということではない。都市部では多くの女性が働きに出ているし、家計にも貢献している。だがそれはあくまでも副次的なことであって、自分が稼いだ給料は、エステに行ったり金を買ったり、自分のためだけに使っても問題はないのだ。

それでは妻に求められているものはなにか。オマーンでは「料理上手」とか「きれい好き」が妻を選ぶ際（あるいは理想の妻）の条件にはならない。それはメイドの仕事だからである。実際、1年間暮らしたオマーン人家庭で、わたしは一度たりとも女主人の作った料理を食べたことはない。メイドが休暇で留守のときも女主人が食事を作ることはなく、外で買ってきたファストフードで済ませるか、知人宅からメイドを借りてきていた。オマーンでは旅行先にもメイドを連れていく。大人数で移動するため、宿泊先は自炊のできる大部屋のホテルに泊まるのだが、そこで家事や子供の世話をするためにメイドも同行するのである。つまり、社会経済的に恵まれたオマーンはじめ湾岸諸国では、「妻＝家事をする人」という認識がないのだ。わたしの家の女主人には4人の子供がいたが、公務員としてフルタイムで働きながら、育児まっただなかに修士課程の勉強をし、学位を取得した。オマーンでは

それが可能なのである。

妻の家庭での役割はなにかといえば、夫のために美しく着飾ることである。イスラームでは婚前交渉、婚外交渉は大罪であり、とくに女性には結婚までの処女性が求められる。コーランにも「慎み深く目を下げて……美しいところは人に見せぬよう」（24章31節）とあるように、本来、女性の美しい部分は夫だけに見せるのがイスラーム的には正しい女性のあり方といえる。実際、敬虔な女性は、外出時は化粧をせず、家のなかで口紅を塗り、着飾り、香水をつける。日本の真逆だ。きれいでいるために、彼女たちは脱毛も念入りにする。オマーンをはじめイスラーム社会では結婚前のカップルが2人きりでデートをしたり、同棲したりすることは許されていない。その分、結婚してから「恋愛する」とか、「恋人気分を味わう」夫婦が多いのである。

このように書くと、女性は夫のためだけに生きて自己決定権がないように思えるが、そうではない。家庭のなかでは妻、母は強い。子供の教育や結婚に関しては、母親が圧倒的に主導権を握る。オマーンでは日没の礼拝後、男性は男友達とカフェや喫茶店でお茶や軽食をとりながら時間を過ごすのが一般的だが、出歩く夫にこまめに電話を入れては居場所を確認したり、様子をうかがったりするのも妻の「仕事」である。夫の方も、妻への電話は習慣化していて、数時間前まで一緒にいた相手に対してご機嫌をうかがう。イスラームでは男性は4人まで妻をめとることができるが、オマーンで実際に2人以上の妻をもつ割合は11％である。それほど一夫多妻は実現が困難ということだ。イスラームでは男性が女性親族の保護・管理をするという規範がある一方、実際は妻側がしっかりと夫の手綱を取っているのである。

（大川真由子）

53

オマーンの食文化

――――★インドとアフリカの影響を受けたアラブ料理★――――

オマーンの食文化を一言で表現するなら、「インド、アフリカ双方の影響を強く受けたアラブ料理」といえよう。実は、オマーン独自の料理はそれほど多くない。あえて特徴をいうなら、アワールという乾燥した鮫肉や、ヒツジよりもヤギを好んで食べることが多いという点だろうか。交通網の発達により、内陸部でも冷凍された肉や魚が容易に入手できるようになったが、かつてはアワールが重宝されていた。現在でも内陸部ではアワールをカレーに入れたり、青菜とともにサラダにしたり、タマネギと一緒に冷製スープにする。

米食という点では湾岸諸国共通である。オマーンでは米のことをエーシュと呼ぶが、これは「生活の糧」を意味するアラビア語である。「エーシュ」といえばパンを指すエジプトやスーダンとは対照的である。オマーンで一般に食されている米はバスマティと呼ばれる長細い形のインディカ米で、粘りが少なくパラパラとしているため旨味を含みやすく、ピラフやカレーには最適だ。中東では昼食がメインの食事だが、オマーンで一般的な昼食のメニューは、肉や魚のピラフや、白米と肉や魚の入ったカレーのような煮込み料理の組み合わせである。いずれも

結婚式で出されたヤギ1頭分の肉を使ったカブーリー
［2000年、筆者撮影］

スパイス（カルダモン、クローブ、コショウ、シナモン、クミン、ターメリックなど）をふんだんに使っているが、それほど辛さはない。こうした基本のスパイスを使ったピラフは湾岸の定番料理で、オマーンではカブーリー、サウジではカブサ、ＵＡＥではマクブースなどと呼ばれる。そこにトマトやサフラン、ヨーグルトを加えたのがインド起源のビリヤーニで、これも日常的に食される。辛さが欲しいときには、インドから伝えられたトウガラシのきいた薬味やピクルス（マンゴー、乾燥レモン、ナスなど）を加える。

こうしたインドからの影響のほか、オマーンにはアフリカ出身のオマーン人も多く、青バナナやココナッツ・ミルクを多用したスワヒリ料理も食卓に並ぶ（第46章参照）。主食はウガリである。ウガリとはトウモロコシやキャッサバなどの粉を湯で練り上げた食べ物だが、このウガリの上にバナナと肉の煮込みをかける。インドと東アフリカの中間点に位置する、かつての海洋帝国オマーンならではの食事風景である。

さて、オマーンは米食といっても、朝晩の軽食のときにはパンが食される。伝統的なオマーンのパンは、小麦粉と水、少々の塩のみで作った直径50～60センチほどある薄いクレープ状のものだ。レバノンパンと呼ばれる市販のピタパンや薄切りの食パンを日常的に食べている家庭も多く、朝晩はパンとチーズ、これに卵料理といった軽食が一般的である。マルドゥーフと呼ばれる四角い厚めのクレープ状のパンや、チャパーティと呼ばれるインド起源のパンも一般的である。これらは材料に卵やギー

ウルスィーヤを作る奴隷出身者［2001年、筆者撮影］

（インド起源のバター・オイル）を使用するので、しっとりとして旨味がある。またアフリカ出身者の家庭では、マンダーズィーと呼ばれる揚げパンも頻繁に食卓に並ぶ。子どもはこれらにクリームチーズやジャムを塗ったり、甘いミルクティーに浸したりして食べるのが好きである。

都市部に限っていえば、最近は夕食をファストフードのテイクアウトで済ませることも多くなった。欧米のハンバーガーに加え、人気があるのはシュワルマというアラブ諸国では一般的なサンドイッチである。ピタパンにグリルしたトリかヒツジ肉の削ぎ切り、野菜、ゴマやニンニクの効いた特製ソースを入れて棒状に巻く。夕食時になると車で買い付けに来た客がクラクションを鳴らし、店員を呼びつけ注文する。車社会のオマーンではシュワルマの購入までドライブスルーなのである。

こうした日常食のほかにイード中の特別料理もある。とくにウルスィーヤとシュワー（ヤギ肉の蒸し焼き）はオマーンでは定番の、そして皆が大好きな料理である。ウルスィーヤとはうるち米を餅状にした料理で、イード初日の昼食に出される。イード前日、大鍋でヤギ一頭分の肉を半日ほど煮る。冷めてから身をほぐし、蒸し上がったうるち米の入った大鍋に投入する。餅米ではなく、うるち米をナツメヤシの葉柄からできている長い棒でかき混ぜて餅状にするため、かなりの重労働である。村では奴隷出身者の仕事とされている。ちなみに米ではなく小麦を使うのがハリースで、ウルスィーヤの代わりに出されることもある。一般にはラマダーン中によく食される。

このウルスィーヤ以上にオマーン人が楽しみにしているのが、2

シュワーを焼く窯　[2001年、筆者撮影]

日目に食すシュワーである。ヤギ肉一頭分を前々日から特製スパイスに漬け込んでおく。このスパイスはビザールと呼ばれ、赤トウガラシ、ターメリック、コリアンダー、クミン、カルダモン、酢、ニンニクを混ぜ合わせた家庭独自のペーストである。翌日、漬け込んだ肉を小分けにしてひとつずつバナナの葉で包む。それらをナツメヤシの葉で作った籠に入れ、深さ1メートルの穴で丸1日蒸し焼きにするのである。こうしてできあがったシュワーは非常に柔らかい。

食前のもてなしとして供されるのがデーツとコーヒーである。これは湾岸だけでなく中東全般にみられる慣習といえる。オマーンを含めた湾岸では、カルダモン風味のコーヒーが一般的だ。地方によってはクローブやショウガ、ローズウォーターを入れる場合もある。砂糖やミルクは入れず、濃い目のブラックで少量飲むのがならわしである。

以上のように、オマーン料理はインド、アフリカ双方の影響を強く受けている文化だが、その担い手は誰なのだろうか。こうしたさまざまな料理を作るのはアジアあるいは最近はアフリカ出身の外国人メイドである。私を1年間住まわせてくれた家庭でも、一度たりともその家の女主人の作った料理が出てきたことはなかった。働く女性からしてみると恵まれた環境だが、子どもたちは「お袋の味」を知らない。オマーンの味は母から娘へ、ではなく数年ごとに交代するメイドからメイドへと受け継がれていくのである。

（大川真由子）

54

スークとショッピングモール

★伝統はどこに向かうのか？★

オマーンにも、遂にショッピングモールの波が押し寄せてきた。〝遂に〟というのは、隣国アラブ首長国連邦でのモールの大流行の波が、クウェート、カタール、バーレーンなどのこの地域の各国に次いで、やはりオマーンにも到達してしまった、という意味だ。きらびやかで豊かさの象徴ではあっても、国ごとの違いなどおかまいなしに、どこでも同じ建物がニョキニョキと立ち現れる。これはもう「モール現象」と言っていい。

伝統的に、アラブ地域には「スーク」と呼ばれる商業施設が存在してきた。これは屋根付きの商店街といった構造を持ち、小規模の店舗が並んで街区をなし、一つの街区が一つのスークを構成する。野菜スークや魚スークなど、取扱商品によって別々のスークが形成されることもあれば、大きなスークの中が取扱商品毎に緩やかに分けられているような場合もある。アラブのスークでよく知られているのは値段交渉で、「これいくら？」という問いかけに対して店番が返してきた値段で買う人はおそらくいない。ちょっと高いからまけろだの、向こうの店はもっと安かっただの、それならこっちの商品にしておけだの、そうしたやり取りを経て、客が納得すれば購入するし、そうで

ニズワーの野菜スーク。日も高くなったので、そろそろ店じまい　［筆者撮影］

なければ別の店に移る。色々見たあげく、最初の店に戻ると言うこともしばしばだ。煩雑ではあってもよく馴染んだやりとりだった。値段交渉でなくとも、ちょっとした買い物でも店主と客の間で会話があり、あるいは商品を買わずとも、馴染みの店に挨拶がてらちょっと立ち寄って、言葉を交わして行く。人々のつながりや生活スタイル、いわゆる〝世間〟が、スークには存在していた。迷路のように入り組んだスークを人波にゆられながら歩くことで、人々が語らい、交流する一端を目にすることは、アラブ社会を知る一つの大切なきっかけでもあった。

しかし、町のあちこちに新しい商店が建ち並ぶ様になると、商品を買い求める人々の流れは変わり、スークの機能は次第に変質していった。筆者が初めてオマーンを訪問したのは今から20年前の90年代後半だが、その頃でもスークはまだオマーン人の日常的な生活空間に組み込まれ

第54章

スークとショッピングモール

ニズワー・スークの土産物売り場。素焼きのつぼが所狭しと並べられている ［筆者撮影］

ていた。オマーン人がスークを行き来し、またスークの奥にある喫茶店、その店先の椅子に腰掛けてお茶をすすりながら会話を楽しむという風景が、まだかろうじて残っていた。

しかし現在では、例えばスーク・マトラフは、ほぼ完全に観光客向けのお土産市場となり、オマーン人が日用品を買い求める場所ではなくなった。これと並行して、巨大ショッピングモールの波がオマーンに押し寄せてきた。マスカト・グランドモールとオマーン・アヴェニューモールという二つの隣り合うモールはたいそう人気で、その区画は夜になると駐車場に入るための車で大混雑になる。また空港近くにはマスカト・シティーセンターができたが、シティー・センターといえばドバイやクウェートなど、この地域の各国に点在する代表的なショッピングモールである。これらのモールの客層は現地人——オマーン人や移民——から観

光客まで幅広い。

ショッピングモールにはどこでも、映画館があり、フードコートがあり、また高級レストランもあり、高級ブランドショップもあり、書店や薬局、銀行やカフェまで、何でも備えている。またとにかく清潔で、床のタイルはピカピカに磨かれ、照明はまぶしいくらいに明るく、空調も心地よい。エスカレーターもエレベータもトイレも何もかも綺麗で……しかし、どこも一緒で面白みにかける、と言う人もいる。わざわざオマーンまで来て、Zaraで服を買い、スターバックスでコーヒーを飲まなくてもいいのではないか。ファストフードをつまみ、ハリウッド映画をみなくてもいいのではないか。観光客からしたら、そのように思うかもしれない（そうは言っても観光客にも大人気ではある）。しかしよく考えてみれば、オマーンも経済的に成長し、一般のオマーン人も国際的に流通している商品を買うだけの購買力を身につけ、ショッピングモールをぶらぶらすることが楽しい――つまり普通の日本人と同じように、大量消費社会に突入し、そうした社会に適合した生活スタイルを獲得したのだ、ということなのかもしれない。モール現象にゆれるオマーンが現在のオマーンであり、いつまでもスークだのアラブの心だの言っているのは、風変わりなものを求める〝通〟きどりの外国人くらいなのかもしれない。

しかし、では伝統的な雰囲気を色濃く残すニズワーのスークはどうだろうか。90年代まで、ニズワーのスークは現在のように整備されていなかった。それは開発から取り残されたような、どこかうらぶれた雰囲気すら漂っていた。しかし現在は立派に整備され、野菜市場、魚市場、肉市場、山羊市場（生きている山羊を取引する）など商品毎に分けられ、かといってあまりにも近代化された風では

なく、伝統的な様式を残している。それは伝統的な泥壁の建物といった外見だが、実際には近代的なコンクリート建築で、生鮮品である魚市場や肉市場は清潔なタイル貼りの屋内に配置され、清掃用にすぐに水を利用できる状況にある。一方で野菜市場は屋外の、ナツメヤシの葉を屋根に葺いた下に、様々な野菜を並べて販売する。ここは半分観光用、半分地元民用のスークであり、一方では土産物も多く取りそろえられているが、他方で朝早く訪れると地元民の活発なやり取りを目にすることができる。自分の畑で取れた野菜を並べて売る農家のおじさん、あれこれと山羊を品定めする親子、その親子を取り囲んで横から口を出す人々など、その地域の人々のつながり、生活の一端を垣間見せてくれる。つまりは、横溢する世間に触れることができる。

このようなニズワーのスークではあるが、やはりそれは昔のスークそのものではない。近代的に整備され、また観光と結びついているからこそ、活力を維持し、今日まで生きのこっているのであり、何の開発もなければ今日まで生きのこることはできなかっただろう。ニズワーは、マスカトからやや遠く、またオマーンの歴史上重要な役割を果たしてきた町であり、伝統を今日まで伝える役割を持っている。こうしたニズワーの特徴が、幸運にもスークを生き残らせる方法で開発を進めることを可能にしたのだ。やや意地悪く言えば、ニズワーのスークは〝プロデュースされた伝統〟、ということになるだろうか。それでもなお、そこで現地の人々が生き生きと世間を再生産する様子は、モールとはまた違ったオマーンの生き方を見るようで、少々ほっとするものでもある。

（松尾昌樹）

55

オマーンの未来

★変わるオマーン、変わらないオマーン★

おそらく、今後15年の間（つまり2030年までの間）にオマーンは大きな変化を迎える。

第一に、王位継承の問題がある。1940年11月生まれのカーブース国王は、本稿執筆時点（2017年）で76歳。15年経てば91歳になる。後継者問題が今後のオマーン政治における最大の問題であることは間違いないが、そこには不透明な点が多い（第34章参照）。カーブース国王は健康上の問題を治療するため、2014年から15年にかけて8カ月もの間ドイツに滞在した。国王不在の間、オマーンの政治や社会、経済は安定を保ったが、このことはオマーンの強い安定性を示しただけでなく、カーブースが不在であっても国家運営に支障がないことを示した。国王がなくとも国家運営が行われるという事実は、王位継承にどのような影響を与えるのだろう。国王のいない共和国体制、あるいは国王が政治に参加しない立憲君主制への移行の扉を開くのだろうか。

第二に、石油経済の将来も大きな問題だ。オマーンでは石油の枯渇が現実的な問題として浮上していることから、脱石油経済が喫緊の課題となっている（第37章参照）。ただし、決して楽

観できるものではない。オマーンに限らず石油経済に立脚する国では、政府が石油の富をばらまいて国民の支持を獲得しようとするため、公的部門を拡大して国民を雇用しようとする。こうした政策が行き過ぎると、付加価値を生み出せる労働者が生まれなくなる。事実、オマーンでは多くの若者が公的部門での就労を希望し（第39章参照）、脱石油を可能とする新しい人材が不足している。新たな産業とそれを支える労働力の育成という政策は、袋小路に入り込みつつある。

第三に、治安体制が挙げられる。オマーンの「アラブの春」は、他のアラブ諸国で見られたような激しい抗議行動には発展しなかったが（第31章参照）、当局による締め付けは強化された。例えば、「アラブの春」に関連したデモに参加し、その後２０１３年にオンライン雑誌の『ムワーティン』（アラビア語で「市民」の意）を発刊して政府の汚職を追及したムハンマド・アルファザリー氏は、その後当局から理由がはっきりしないままに逮捕・勾留を繰り返された。彼は２０１５年にイギリスへの政治亡命を余儀なくされたが、２０１７年に彼の家族がイギリスに向かおうとしたところ、当局に阻まれてオマーンを出国することができなかった。

この事例は、国際的な人権団体であるヒューマンライツ・ウォッチが公表したこともあって広く知られたが、当局が逮捕・勾留を一つ一つ公表することはなく、実際にどの程度の締め付けが行われているのかははっきりしない。一見すると平穏無事に見えるが、実際にはオマーンでは徐々に締め付けが厳しくなっており、この動きはオマーンの将来に暗い影を落としている。

これまでにもオマーンは多くの変化を経験してきたが、周辺諸国もオマーンに先立って同様の経験をしてきたことから、オマーンの事態の推移は周辺諸国の経験からある程度想像がついた。君主国の

運営、産油国としての発展、国民の政治運動への対応など、いずれも他の湾岸諸国が先んじて経験してきたことであり、オマーンもそれに倣うかのように似通った手法を採用してきた。石油収入が流入すれば産業開発とインフラ整備が驚くほど素早く行われることは、産油国として先行するクウェートやサウジアラビアの事例を見れば、おおむね予測ができた。石油収入が国内経済を拡大させれば、労働力不足と移民労働力の流入を促し、移民に立脚した経済・社会システムができあがることも、先行する産油国を見れば容易に想像がついた。

ただし、オマーンは今、先例のない未来に突入しようとしている。湾岸諸国の中で、石油の枯渇を克服して社会開発を軌道に乗せた国はまだない。バーレーンでは事実上石油が枯渇しつつあるが、治安維持や経済支援を通じてサウジアラビアの強い影響下にある国の事例を、オマーンに当てはめるのは難しい。それ以外の湾岸諸国の石油、天然ガス資源はまだまだ枯渇には程遠い。王位継承についても、オマーンではこれまで父子相続で、かつイギリスのお膳立てのもとで行われてきたが、カーブース国王には息子がない。つまり、カーブース国王から次期国王への王位継承は、実はオマーン独立以降初めての事例で、さらには父子相続によらないという点で20世紀以降のオマーンの歴史には見られない事例になる。加えて、選挙や議会を通じて国民が政治参加する経路が確保されている中で国王の交代が行われるのも、オマーン史上初めての事例だ。新国王への不満が噴出し、それを体制側が押さえつけようとする動きが治安上の締め付け政策と合流すれば、国民の政治活動には制限が加えられ、オマーンは陰鬱な権威主義体制国へと変貌するだろう。

誰も予想できない政治的、経済的変動が発生する時代に突入しつつある。ただし、筆者はそれほど

第55章
オマーンの未来

悲観していない。確かに大きな変化は発生するだろうが、それが大混乱になるかどうかは別の話だ。やや乱暴な考え方になるかもしれないが、困難な状況にあっても、人々がそれを大問題として捉えていない場合はよくある。人々にとって重要なのは、日常を生きることであり、それは友人との楽しい会話や家族との団欒、上司や部下との関係やナツメヤシ畑を流れるファラジュの手入れ、子供の教育など、言ってしまえばありふれた事柄で彩られている。

ありふれた日常を維持してゆくためには、大きな政治的・経済的変化への対応と同様の労力が必要となるだろう。大きな変化に対応して新しい政治体制を生み出したり、新しい産業を興したりする力を「変える力」と呼ぶなら、当たり前の日常を作り出そうとする力は「変えない力」と呼べる。普通の人々にとってどちらも大切であり、どちらか一方のみに対応するわけにはいかない。この二つの力のどちらか一方に極端に振れてしまう時、革命や破綻が発生するのではないだろうか。これまでも多くの変化を経験してきたオマーンは、それを何とか乗り越えてきた。そうした歴史を振り返ると、オマーンは「変える力」と「変えない力」をバランスよく使いこなしていけるのではないか、そんな気がしてならない。

（松尾昌樹）

コラム4

変わりゆくオマーン

——オマーン独自の道を行け

大川 真由子

つい数十年前まではなにもない砂漠地帯だったところに、突如国境線が引かれ、同じ言語・文化を有する人びとがそれぞれの領土内で国民化していった湾岸諸国。人類の長い歴史のなかでみれば、石油が発見された結果、「一晩で砂漠から近代都市へ」と変貌を遂げたといっていいほど、この地域の短期間での変貌ぶりには目を見張るものがある。そのなかで、オマーンは石油が発見されたのも、近代教育制度が導入されたのももっとも遅く、湾岸諸国のなかでは裕福なわけでもない。だが、その分、オマーンには豊かな自然や伝統的な生活様式・価値観が残っている。人びとの「垢抜けない」ところも、わたしは気に入っている。

47年前に即位した際、カーブースは「国民諸君よ、わたしは可能な限り迅速に、諸君の生活を輝かしい未来を伴う繁栄したものに変えるつもりだ」と約束した。その結果を示しているのだろうか、2010年国連開発計画（UNDP）の発表によると、過去40年でもっとも人間開発指数が改善された国にオマーンが選ばれた。中国、ネパール、インドネシア、サウジアラビアなどを押さえての結果である。とくに、教育や公衆衛生面での改善が高く評価された。

インフラ整備の完了や経済発展という変化だけではない。大量に流入している外国人との「つかず離れず」の共存、ゆっくりではあるが着実に変わりつつある「民主化」の流れ。とくに2011年の中東全土で吹き荒れた「アラブの春」の嵐はオマーンにも影響を与えた。汚職閣僚への批判や労働条件の改善に向けてのデモを展開するなかで、人びとは自己表現すること

コラム4

変わりゆくオマーン

を覚えた。そして民衆による一連のデモにカーブースが迅速に対応したことによって、自分たちの要求が変化を引き起こすということを実体験として学んだのだ。それまでおおやけには政治的発言が御法度だったこの国に訪れた、大きな変化といえよう。

隣国では統治者の世代交代が続くなか、オマーンではカーブースの治世が半世紀を迎えようとしている。だが「アラブの春」では体制転換が要求されたわけではなく、むしろカーブースへの忠誠デモがおこなわれるほどであった。親しい知人は、いわゆる民主主義の実現の可能性に言及しながらも「でも今じゃない。オマーンにはオマーンのやり方がある。われわれはゆっくり、ゆっくりでいいのだ」と語っていた。

オマーンが短期間のうちに経験した社会経済的変化はあまりに劇的すぎて、みているこちらが不安になるほどだ。オマーンの将来を担う若者は、砂漠の生活はおろか、1970～80年代、まだオマーンが貧しかった頃の生活を知らない。生まれながらにしてメイドのいる生活、自動車での移動、エアコンの効いた家屋、国民と外国人の常態化した格差のなかで、新世代のメンタリティが形成されている。

カーブース後のオマーンはどうなっていくのだろう。国民は不透明な将来に一抹の不安を覚えながらも、大きな変化が起こるかもしれないという期待も抱いている。変化は急激でなくてもいい、いや、むしろゆっくりがいい。わたしは常々そう思っている。

◉参考文献（著者名50音順）

はじめに

国連統計（UNdata）（http://data.un.org）
世界開発指標（World Development Indicators）（https://data.worldbank.org/data-catalog）
Freedom House（https://freedomhouse.org）

Ⅰ　自然・地理

井筒俊彦『コーランを読む』（井筒俊彦著作集８）中央公論社、１９９１年。

――――『コーラン』（井筒俊彦著作集７）中央公論社、１９９２年。

オマーン国立統計情報センター（National Center for Statistics & Information）（https://www.ncsi.gov.om）

宮下純夫・海野進・足立佳子「オフィオライト研究の新局面――オマーンオフィオライトを例として」『地質学雑誌』１０８、２００２年。

村上拓哉「日本経済の生命線――ホルムズ海峡訪問記」『Ａｓａｈｉ中東マガジン』２０１２年４月17日、２０１２年。

村川堅太郎訳註『エリュトゥラー海案内記』（中公文庫）中央公論新社、２０１１年。

Clarke, M.H. (ed.), *Oman's Geological Heritage*. Petroleum development Oman LLC., 2006.

Skeet, I. *Muscat and Oman: the end of an era*. London: Faber and Faber, 1974.

Ⅱ 歴史

大川真由子『帰還移民の人類学――アフリカ系オマーン人のエスニック・アイデンティティ』明石書店、２０１０年。

――「ザンジバルは植民地だったのか――東アフリカ統治をめぐるオマーン人の歴史認識」『人文学報』(483)、２０１４年。

黒田壽郎『イスラームの反体制――ハワーリジュ派の世界観』未來社、１９９１年。

後藤健『メソポタミアとインダスのあいだ――知られざる海洋の古代文明』(筑摩選書) 筑摩書房、２０１５年。

近藤洋平「東方イバード派における人間の宗教的分類と忘恩・偽信概念の展開」『宗教研究』85 (1)、２０１１年。

――「イバード派における罪の概念」近藤洋平編『中東の思想と社会を読み解く』東京大学中東地域研究センター、２０１４年。

バットゥータ、イブン・ジュザイイ、イブン編（家島彦一訳注）『大旅行記３』(東洋文庫６３０、全８巻) 平凡社、１９９６～２００２年。

バラーズリー（花田宇秋訳）『諸国征服史１』岩波書店、２０１２年。

福田安志「ペルシャ湾とイギリス――オマーンにおけるイギリス支配の確立過程」『オリエント』30 (2)、１９８７年。

――「イマームとサイイド」『オリエント』32 (2)、日本オリエント学会、１９８９年。

――「ヤアーリバ朝における通商活動とイマーム」『オリエント』34 (2)、日本オリエント学会、１９９１年。

――「インド洋交渉史」宮本正興・松田素二編『新書アフリカ史』(講談社現代新書) 講談社、１９９７年。

前川和也・森若葉「初期メソポタミア史の中のディルムン、マガン、メルハ」長田俊樹編『環境変化とインダス文明２００７年度成果報告書』、２００８年。

松尾昌樹『オマーンの国史の誕生――オマーン人と英植民地官僚によるオマーン史表象』御茶の水書房、２０１３年。

Ⅲ 政治と経済

石川勝利「オマーンの主要部族及び部族政策の現状」『外務省調査月報』２００１年度 (1)、２００１年。

遠藤晴男『オマーン見聞録――知られざる日本との文化交流』展望社、２００９年。

――「比叡艦のマスカット訪問の今日的意義――日本・オマーン国交樹立40周年記念の年に当たって」『中東研究』(５１４)、２０１２年。

大川真由子「オマーン・スルターン国」松本弘編『中東・イスラーム諸国　民主化ハンドブック』明石書店、２０１１年。

近藤洋平「オマーン議会の動向――制度の現状と第６期（２００７―２０１１）の活動を中心に」『中東研究』(５１０)、２０１１年。

福田安志「オマーンにおける部族連合とイマームの統治」『中央大学アジア史研究』(13)、１９９０年。

――「オマーンの章」板垣雄三編『中東アナリシス』第三書館、１９９１年。

――「オマーンにおけるエスニシティの多様性とその統合――経済開発の視角から」『現代の中東』(18)、１９９５年。

――「オマーンにおける非石油分野の工業化と工業団地の役割」『中東協力センターニュース』２０１２年10／11月号、中東協力センター、２０１２年。

松尾昌樹「オマーンにおける移民労働者問題――減少させるべきか」機動研究成果報告『アラブの春とアラビア半島の将来』アジア経済研究所、２０１２年。

村上拓哉「『アラブの春』後、活発化するオマーンの議会の役割」『Ａｓａｈｉ中東マガジン』２０１２年９月11日、２０１２年。

――「２０１１年オマーンにおける抗議活動の展開と収束――紛争のデスカレーションの事例として」『中東研究』(５１３)、２０１２年。

――「抗議者の要望に改革で応えた啓蒙君主」『季刊アラブ』(１４５)、２０１３年。

――「仲介者オマーンによる対イラン政策と今後の湾岸情勢の展望」『中東研究』(５１８)、２０１３年。

――「オマーン――ポスト・カーブース体制における政治の展望」『アジ研ワールド・トレンド』(２５６)、２０１７年。

――「オマーンの統治体制の安定性における国王による行幸の役割」石黒大岳編『アラブ君主制国家の存立基盤』アジア経済研究所、２０１７年。

森元誠二『知られざる国オマーン――激動する中東のオアシス』アーバン・コネクションズ、２０１２年。

Cottrell, A. ed. *The Persian Gulf States*. London: The Johns Hopkins University Press, 1980.

Ⅳ　宗教と民族、社会と文化

アルムダファーラ、スワーダ『砂漠に創った世界一の学校――学力世界ナンバーワンの生徒を育てた日本人女性校長、涙のビジネス戦記』アスペクト、２００９年。

大川真由子「宗教のヴェール、伝統のヴェール――オマーンの『近代化』における新中産階級女性の地位と意識」『オリエント』46（1）、２００３年。

――――「女性が衣装を変えるとき――オマーン人女性のヴェール着用にみるイスラーム復興」『アッサラーム』（87）、２００３年。

――――「断食中こそ宴会――オマーンのラマダーン」渡邊欣雄編『世界の宴会』（アジア遊学）、勉誠出版、２００４年。

――――「アラビア半島――コメ料理とコーヒー文化　オマーン」大塚和夫編『世界の食文化　第10巻　アラブ』農山漁村文化協会、２００８年。

――――「オマーンと東アフリカ間の移民――帰還移民を中心に」宮治美江子編『中東・北アフリカのディアスポラ』明石書店、２０１０年。

――――「帝国の子どもたち――オマーン帝国／後における混血の処遇」『文化人類学研究』17、２０１７年。

近藤洋平「オマーンの教科書にみる日本理解」『季刊アラブ』（１３６）、２０１１年。

Damluji, S. *The Architecture of Oman*. Reading: Garnet Publishing, 1998.

＊松尾昌樹（まつお・まさき）[1, 2, 3, 4, 6, 7, 8, 9, 10, 19, 21, 22, 23, 24, 40, 45, 47, 49, 54, 55, コラム 2]
編著者紹介を参照。

宮下純夫（みやした・すみお）[11, 12]
新潟大学名誉教授、北海道総合地質学研究センター
専攻・専門：地質学・岩石学
おもな著書・論文：「オフィオライト研究の新局面：オマーンオフィオライトを例として」(『地質学雑誌』108 巻、2002 年)、「海洋地殻の構造とその形成プロセス」(『地学雑誌』117 巻、2008 年)、『日本地方地質誌「北海道地方」』(分担執筆、朝倉書店、2010 年)。

村上拓哉（むらかみ・たくや）[5, 25, 26, 27, 30, 31, 32, 33, 34, 36, コラム 1, 3]
公益財団法人中東調査会研究員
専攻・専門：現代オマーン政治、湾岸地域の安全保障・国際関係論
おもな著書・論文：「オマーンの統治体制における国王による行幸の役割」(石黒大岳編『アラブ君主制国家の存立基盤』アジア経済研究所、2017 年)、「湾岸地域における新たな安全保障秩序の模索：GCC 諸国の安全保障政策の軍事化と機能的協力の進展」(『国際安全保障』第 43 巻第 3 号、2015 年)、「仲介者オマーンによる対イラン政策と今後の湾岸情勢の展望」(『中東研究』第 518 号、2013 年)。

〈執筆者紹介〉（50 音順、＊は編著者、［　］は担当章）

大川真由子（おおかわ・まゆこ）［20, 28, 35, 38, 39, 43, 44, 46, 50, 51, 52, 53, コラム 4］
神奈川大学外国語学部准教授
専攻・専門：文化人類学、中東地域研究
おもな著書・論文：『帰還移民の人類学――アフリカ系オマーン人のエスニック・アイデンティティ』（明石書店、2010 年）、『〈断〉と〈続〉の中東――非境界的世界を游ぐ』（共著、悠書館、2015 年）、「帝国の子どもたち――オマーン帝国／後における混血の処遇」（『文化人類学研究』第 17 号、2016 年）。

近藤康久（こんどう・やすひさ）［13］
総合地球環境学研究所研究基盤国際センター准教授
専攻・専門：考古学、地理情報学、オープンサイエンス
おもな著書・論文："Concurrent and sustainable development of a local-scale digital heritage inventory through action research at Bat, Oman."（共著, *Journal of Cultural Heritage Management and Sustainable Development*, Vol. 6, No. 2, 2016）、『イスラームと文化財』（分担執筆、新泉社、2015 年）、『フィールドワーカーのための GPS・GIS 入門』（共編著、古今書院、2011 年）。

近藤洋平（こんどう・ようへい）［14, 15, 16, 41, 42］
東京外国語大学アジア・アフリカ言語文化研究所特任研究員
専攻・専門：イスラム学
おもな著書・論文：「GCC 諸国の高等教育の現状」（山内昌之編『中東と IS の地政学』朝日新聞出版、2017 年）、「イバード派イスラーム思想における罪の問題」（近藤洋平編『中東の思想と社会を読み解く』東京大学中東地域研究センター、2014 年）、「東方イバード派における人間の宗教的分類と忘恩・偽信概念の展開」（『宗教研究』85 巻 1 号、2011 年）。

竹田敏之（たけだ・としゆき）［48］
京都大学大学院アジア・アフリカ地域研究研究科特任准教授
専攻・専門：アラビア語学、現代アラブ文化論
おもな著書・論文：『ニューエクスプレス アラビア語』（白水社、2010 年）、『アラビア語表現とことんトレーニング』（白水社、2013 年）、「アラビア語正書法の成立」（小杉泰・林佳世子編『イスラーム 書物の歴史』名古屋大学出版、2014 年）。

福田安志（ふくだ・さだし）［17, 18, 29, 37］
アジア経済研究所・ジェトロ・新領域研究センター・上席主任調査研究員
専攻・専門：中東近現代史
おもな著書・論文：「近代オマーンにおけるインド人とイギリスの領事裁判権――インド人の位置と役割の変遷」（『東洋文化研究所紀要』第 171 冊、東京大学東洋文化研究所、2017 年）、「オマーンにおける非石油分野の工業化と工業団地の役割」（『中東協力センターニュース』中東協力センター、2012 年）、「インド洋交渉史」（宮本正興・松田素二編『新書アフリカ史』〈講談社現代新書〉講談社、1997 年）。

〈編著者紹介〉

松尾昌樹（まつお・まさき）

宇都宮大学国際学部准教授
東北大学国際文化研究科博士後期課程修了。博士（国際文化）。
専攻・専門：地域研究（中東）、国際政治経済学、移民研究。
おもな著書・論文：『石油の呪い――国家の発展経路はいかに決定されるか』（マイケル・L・ロス著、浜中新吾と共訳、吉田書店、2017年）、「中東地域研究とレンティア国家論」私市正年、浜中新吾、横田貴之編著『中東・イスラーム研究概説――政治学・経済学・社会学・地域研究のテーマと理論』（明石書店、2017年）、『中東の新たな秩序』（編著、ミネルヴァ書房、2016年）、「分断された社会空間を生み出す装置と人々の暮らし」「増え続ける移民労働者に湾岸アラブ諸国政府はいかに対応すべきか」細田尚美編『湾岸アラブ諸国における移民労働者――「多外国人国家」の出現と生活実態』（明石書店、2014年）、『オマーンの国史の誕生――オマーン人と英植民地官僚によるオマーン史表象』（御茶の水書房、2013年）、『湾岸産油国――レンティア国家のゆくえ』（講談社メチエ、2010年）など。

エリア・スタディーズ　163
オマーンを知るための55章

2018年2月28日　初　版第1刷発行

編著者　松尾昌樹
発行者　大江道雅
発行所　株式会社 明石書店
〒101-0021 東京都千代田区外神田6-9-5
電話　03(5818)1171
FAX　03(5818)1174
振替　00100-7-24505
http://www.akashi.co.jp
組版　株式会社エムス
装丁　明石書店デザイン室
印刷・製本　モリモト印刷株式会社

（定価はカバーに表示してあります）　ISBN978-4-7503-4638-0

エリア・スタディーズ

1 現代アメリカ社会を知るための60章
明石紀雄、川島浩平 編

2 イタリアを知るための62章【第2版】
村上義和 編著

3 イギリスを旅する35章
辻野功 編著

4 モンゴルを知るための65章【第2版】
金岡秀郎 著

5 パリ・フランスを知るための44章
梅本洋一、大里俊晴、木下長宏 編著

6 現代韓国を知るための60章【第2版】
石坂浩一、福島みのり 編著

7 オーストラリアを知るための58章【第3版】
越智道雄 著

8 現代中国を知るための44章【第5版】
藤野彰、曽根康雄 編著

9 ネパールを知るための60章
日本ネパール協会 編

10 アメリカの歴史を知るための63章【第3版】
富田虎男、鵜月裕典、佐藤円 編著

11 現代フィリピンを知るための61章【第2版】
大野拓司、寺田勇文 編著

12 ポルトガルを知るための55章【第2版】
村上義和、池俊介 編著

13 北欧を知るための43章
武田龍夫 著

14 ブラジルを知るための56章【第2版】
アンジェロ・イシ 著

15 ドイツを知るための60章
早川東三、工藤幹巳 編著

16 ポーランドを知るための60章
渡辺克義 編著

17 シンガポールを知るための65章【第4版】
田村慶子 編著

18 現代ドイツを知るための62章【第2版】
浜本隆志、髙橋憲 編著

19 ウィーン・オーストリアを知るための57章【第2版】
広瀬佳一、今井顕 編著

20 ハンガリーを知るための60章【第2版】 ドナウの宝石
羽場久美子 編著

21 現代ロシアを知るための60章【第2版】
下斗米伸夫、島田博 編著

22 21世紀アメリカ社会を知るための67章
明石紀雄 監修　赤尾千波、大類久恵、小塩和人、落合明子、川島浩平、高野泰 編

23 スペインを知るための60章
野々山真輝帆 著

24 キューバを知るための52章
後藤政子、樋口聡 編著

25 カナダを知るための60章
綾部恒雄、飯野正子 編著

26 中央アジアを知るための60章【第2版】
宇山智彦 編著

27 チェコとスロヴァキアを知るための56章【第2版】
薩摩秀登 編著

28 現代ドイツの社会・文化を知るための48章
田村光彰、村上和光、岩淵正明 編著

29 インドを知るための50章
重松伸司、三田昌彦 編著

30 タイを知るための72章【第2版】
綾部真雄 編著

31 パキスタンを知るための60章
広瀬崇子、山根聡、小田尚也 編著

32 バングラデシュを知るための66章【第3版】
大橋正明、村山真弓、日下部尚徳、安達淳哉 編著

33 イギリスを知るための65章【第2版】
近藤久雄、細川祐子、阿部美春 編著

エリア・スタディーズ

34 現代台湾を知るための60章【第2版】
亜洲奈みづほ 著

35 ペルーを知るための66章【第2版】
細谷広美 編著

36 マラウィを知るための45章【第2版】
栗田和明 著

37 コスタリカを知るための60章【第2版】
国本伊代 編著

38 チベットを知るための50章
石濱裕美子 編著

39 現代ベトナムを知るための60章【第2版】
今井昭夫、岩井美佐紀 編著

40 インドネシアを知るための50章
村井吉敬、佐伯奈津子 編著

41 エルサルバドル、ホンジュラス、ニカラグアを知るための45章
田中高 編著

42 パナマを知るための70章【第2版】
国本伊代 編著

43 イランを知るための65章
岡田恵美子、北原圭一、鈴木珠里 編著

44 アイルランドを知るための70章【第2版】
海老島均、山下理恵子 編著

45 メキシコを知るための60章
吉田栄人 編著

46 中国の暮らしと文化を知るための40章
東洋文化研究会 編

47 現代ブータンを知るための60章
平山修一 著

48 バルカンを知るための66章【第2版】
柴宜弘 編著

49 現代イタリアを知るための44章
村上義和 編著

50 アルゼンチンを知るための54章
アルベルト松本 著

51 ミクロネシアを知るための60章【第2版】
印東道子 編著

52 アメリカのヒスパニック＝ラティーノ社会を知るための55章
大泉光一、牛島万 編著

53 北朝鮮を知るための51章
石坂浩一 編著

54 ボリビアを知るための73章【第2版】
真鍋周三 編著

55 コーカサスを知るための60章
北川誠一、前田弘毅、廣瀬陽子、吉村貴之 編著

56 カンボジアを知るための62章【第2版】
上田広美、岡田知子 編著

57 エクアドルを知るための60章【第2版】
新木秀和 編著

58 タンザニアを知るための60章【第2版】
栗田和明、根本利通 編著

59 リビアを知るための60章
塩尻和子 著

60 東ティモールを知るための50章
山田満 編著

61 グアテマラを知るための65章
桜井三枝子 編著

62 オランダを知るための60章
長坂寿久 著

63 モロッコを知るための65章
私市正年、佐藤健太郎 編著

64 サウジアラビアを知るための63章【第2版】
中村覚 編著

65 韓国の歴史を知るための66章
金両基 編著

66 ルーマニアを知るための60章
六鹿茂夫 編著

エリア・スタディーズ

67 現代インドを知るための60章
広瀬崇子、近藤正規、井上恭子、南埜猛 編著

68 エチオピアを知るための50章
岡倉登志 編著

69 フィンランドを知るための44章
百瀬宏、石野裕子 編著

70 ニュージーランドを知るための63章
青柳まちこ 編著

71 ベルギーを知るための52章
小川秀樹 編著

72 ケベックを知るための54章
小畑精和、竹中豊 編著

73 アルジェリアを知るための62章
私市正年 編著

74 アルメニアを知るための65章
中島偉晴、メラニア・バグダサリヤン 編著

75 スウェーデンを知るための60章
村井誠人 編著

76 デンマークを知るための68章
村井誠人 編著

77 最新ドイツ事情を知るための50章
浜本隆志、柳原初樹 著

78 セネガルとカーボベルデを知るための60章
小川了 編著

79 南アフリカを知るための60章
峯陽一 編著

80 エルサルバドルを知るための55章
細野昭雄、田中高 編著

81 チュニジアを知るための60章
鷹木恵子 編著

82 南太平洋を知るための58章 メラネシア ポリネシア
吉岡政德、石森大知 編著

83 現代カナダを知るための57章
飯野正子、竹中豊 編著

84 現代フランス社会を知るための62章
三浦信孝、西山教行 編著

85 ラオスを知るための60章
菊池陽子、鈴木玲子、阿部健一 編著

86 パラグアイを知るための50章
田島久歳、武田和久 編著

87 中国の歴史を知るための60章
並木頼壽、杉山文彦 編著

88 スペインのガリシアを知るための50章
坂東省次、桑原真夫、浅香武和 編著

89 アラブ首長国連邦（UAE）を知るための60章
細井長 編著

90 コロンビアを知るための60章
二村久則 編著

91 現代メキシコを知るための60章
国本伊代 編著

92 ガーナを知るための47章
高根務、山田肖子 編著

93 ウガンダを知るための53章
吉田昌夫、白石壮一郎 編著

94 ケルトを旅する52章 イギリス・アイルランド
永田喜文 著

95 トルコを知るための53章
大村幸弘、永田雄三、内藤正典 編著

96 イタリアを旅する24章
内田俊秀 編著

97 大統領選からアメリカを知るための57章
越智道雄 著

98 現代バスクを知るための50章
萩尾生、吉田浩美 編著

99 ボツワナを知るための52章
池谷和信 編著

エリア・スタディーズ

100 **ロンドンを旅する60章**
川成洋、石原孝哉 編著

101 **ケニアを知るための55章**
松田素二、津田みわ 編著

102 **ニューヨークからアメリカを知るための76章**
越智道雄 著

103 **カリフォルニアからアメリカを知るための54章**
越智道雄 著

104 **イスラエルを知るための60章**
立山良司 編著

105 **グアム・サイパン・マリアナ諸島を知るための54章**
中山京子 編著

106 **中国のムスリムを知るための60章**
中国ムスリム研究会 編

107 **現代エジプトを知るための60章**
鈴木恵美 編著

108 **カーストから現代インドを知るための30章**
金基淑 編著

109 **カナダを旅する37章**
飯野正子、竹中豊 編著

110 **アンダルシアを知るための53章**
立石博高、塩見千加子 編著

111 **エストニアを知るための59章**
小森宏美 編著

112 **韓国の暮らしと文化を知るための70章**
舘野晳 編著

113 **現代インドネシアを知るための60章**
村井吉敬、佐伯奈津子、間瀬朋子 編著

114 **ハワイを知るための60章**
山本真鳥、山田亨 編著

115 **現代イラクを知るための60章**
酒井啓子、吉岡明子、山尾大 編著

116 **現代スペインを知るための60章**
坂東省次 編著

117 **スリランカを知るための58章**
杉本良男、高桑史子、鈴木晋介 編著

118 **マダガスカルを知るための62章**
飯田卓、深澤秀夫、森山工 編著

119 **新時代アメリカ社会を知るための60章**
明石紀雄 監修 大類久恵、落合明子、赤尾千波 編著

120 **現代アラブを知るための56章**
松本弘 編著

121 **クロアチアを知るための60章**
柴宜弘、石田信一 編著

122 **ドミニカ共和国を知るための60章**
国本伊代 編著

123 **シリア・レバノンを知るための64章**
黒木英充 編著

124 **EU(欧州連合)を知るための63章**
羽場久美子 編著

125 **ミャンマーを知るための60章**
田村克己、松田正彦 編著

126 **カタルーニャを知るための50章**
立石博高、奥野良知 編著

127 **ホンジュラスを知るための60章**
桜井三枝子、中原篤史 編著

128 **スイスを知るための60章**
スイス文学研究会 編

129 **東南アジアを知るための50章**
今井昭夫 編集代表 東京外国語大学東南アジア課程 編

130 **メソアメリカを知るための58章**
井上幸孝 編著

131 **マドリードとカスティーリャを知るための60章**
川成洋、下山静香 編著

132 **ノルウェーを知るための60章**
大島美穂、岡本健志 編著

エリア・スタディーズ

133 **現代モンゴルを知るための50章** 小長谷有紀、前川愛 編著

134 **カザフスタンを知るための60章** 宇山智彦、藤本透子 編著

135 **内モンゴルを知るための60章** ボルジギン・ブレンサイン 編著 赤坂恒明 編集協力

136 **スコットランドを知るための65章** 木村正俊 編著

137 **セルビアを知るための60章** 柴宜弘、山崎信一 編著

138 **マリを知るための58章** 竹沢尚一郎 編著

139 **ASEANを知るための50章** 黒柳米司、金子芳樹、吉野文雄 編著

140 **アイスランド・グリーンランド・北極を知るための65章** 小澤実、中丸禎子、高橋美野梨 編著

141 **ナミビアを知るための53章** 水野一晴、永原陽子 編著

142 **香港を知るための60章** 吉川雅之、倉田徹 編著

143 **タスマニアを旅する60章** 宮本忠 著

144 **パレスチナを知るための60章** 臼杵陽、鈴木啓之 編著

145 **ラトヴィアを知るための47章** 志摩園子 編著

146 **ニカラグアを知るための55章** 田中高 編著

147 **台湾を知るための60章** 赤松美和子、若松大祐 編著

148 **テュルクを知るための61章** 小松久男 編著

149 **アメリカ先住民を知るための62章** 阿部珠理 編著

150 **イギリスの歴史を知るための50章** 川成洋 編著

151 **ドイツの歴史を知るための50章** 森井裕一 編著

152 **ロシアの歴史を知るための50章** 下斗米伸夫 編著

153 **スペインの歴史を知るための50章** 立石博高、内村俊太 編著

154 **フィリピンを知るための64章** 大野拓司、鈴木伸隆、日下渉 編著

155 **バルト海を旅する40章** 7つの島の物語 小柏葉子 著

156 **カナダの歴史を知るための50章** 細川道久 編著

157 **カリブ海世界を知るための70章** 国本伊代 編著

158 **ベラルーシを知るための50章** 服部倫卓、越野剛 編著

159 **スロヴェニアを知るための60章** 柴宜弘、アンドレイ・ベケシュ、山崎信一 編著

160 **北京を知るための52章** 櫻井澄夫、人見豊、森田憲司 編著

161 **イタリアの歴史を知るための50章** 高橋進、村上義和 編著

162 **ケルトを知るための65章** 木村正俊 編著

163 **オマーンを知るための55章** 松尾昌樹 編著

——以下続刊

◎各巻2000円
（一部1800円）

〈価格は本体価格です〉

はじめに　アラビア半島の宝石、オマーンにようこそ

アラビア半島の南東端、ペルシャ湾とインド洋の波が寄せる場所に、オマーンはある。ペルシャ湾岸に沿った湾岸諸国（クウェート、カタール、サウジアラビア、バーレーン、オマーン、アラブ首長国連邦〔UAE〕）は、いずれも石油の富で有名で、とりわけ近年のドバイはセレブ御用達のリゾートとして人気を誇っている。本書ではこれらの国を湾岸諸国と呼ぶが、その中でオマーンの知名度は今ひとつかもしれない。しかし、実は異彩を放つ、魅力に富んだ国だ。それはアラビア半島の宝石と呼ぶにふさわしい。

オマーンがどんな国か今ひとつピンとこないかもしれないので、まずは日本と比較しながら、オマーンの特徴を見てみよう。オマーンの国土は30万9500平方キロ、これに対して日本は36万4500平方キロ（数値はいずれも国連統計による）なので、実は両国の大きさはよく似ている。位置に目を転ずると、Google Mapでマスカトの王宮を調べた場合、オマーンの首都マスカトの緯度は北緯23度61分で、これは日本では沖縄県那覇市（26度21分）が近い。日本とほぼ同じ国土で、全体的にずっと暖かいのがオマーン、ということになる。

オマーンはアラビア半島に位置しているために、国土の多くは砂漠だ。アラビア半島＝砂漠＝遊牧